Antonio Bonzani

San Pablo VI y Medellín desde la "Populorum Progressio"

Antonio Bonzani

San Pablo VI y Medellín desde la "Populorum Progressio"

La "actualidad del grito evangélico del Papa" San Pablo VI: "el abogado de los pueblos pobres" (PP 4)

CREDO EDICIONES

Imprint
Any brand names and product names mentioned in this book are subject to trademark, brand or patent protection and are trademarks or registered trademarks of their respective holders. The use of brand names, product names, common names, trade names, product descriptions etc. even without a particular marking in this work is in no way to be construed to mean that such names may be regarded as unrestricted in respect of trademark and brand protection legislation and could thus be used by anyone.

Cover image: www.ingimage.com

Publisher:
CREDO EDICIONES
is a trademark of
International Book Market Service Ltd., member of OmniScriptum Publishing Group
17 Meldrum Street, Beau Bassin 71504, Mauritius

Printed at: see last page
ISBN: 978-613-1-77217-7

MONS. DR. ANTONIO BONZANI

San Pablo VI y Medellín desde la "Populorum Progressio"

ÍNDICE

1) Acercamiento a la Encíclica *Populorum progressio* (PP). La «*actualidad del grito evangélico del Papa*» San PABLO VI: «*el abogado de los pueblos pobres*» (PP 4). 5

1.1) Premisa. 6
1.2) Vigencia de "Populorum Progressio". 8
1.3) Algunas consideraciones acerca del aspecto metodológico aportado por la Encíclica 11
1.4) Aspecto eclesiológico. 12
1.5) Dimensiones mundiales de la cuestión social y de la interpelación de los pobres. 13
1.6) Aspecto antropológico: el auténtico desarrollo. 15
1.7) Conclusión. 17

2) El Magisterio de Medellín, ¿'*receptio*' latinoamericana de la *Populorum progressio*? 20

2.1) Premisa 20
2.2) La posible 'figura' y el 'valor' del Magisterio de Medellín. 27
2.3) El Magisterio del San PABLO VI inaugurando Medellín. 33
2.4) La finalidad soteriológica de la Evangelización. 40

1) Acercamiento a la Encíclica *Populorum progressio* (PP).[1] La «*actualidad del grito evangélico del Papa*» San PABLO VI: [2] «*el abogado de los pueblos pobres*» (PP 4). [3]

Mons. Dr. Antonio BONZANI. [4]

---

[1] Para una oportuna **contextualización magisterial** de la PP, cf PABLO VI, *Presencia activa de la Iglesia en el desarrollo y en la integración de América Latina a la luz del Concilio Ecuménico Vaticano II y de la Alocución de S.S. PAULO VI al CELAM*, Mensaje a la Asamblea Extraordinaria del CELAM - Mar del Plata, 9-16 de octubre de 1966, en 'L'Osservatore Romano', edición en lengua española, del martes 25 de octubre de 1966, p 1s. El Papa comprende dicho Mensaje como la continuación de su conversación «*que iniciamos el **23 de noviembre del pasado año** cuando celebrando **el decenio de la fundación de este mismo Consejo**, nos procurasteis la alegría grande de vuestra visita*» (cf PABLO VI, *Discurso* en el X ANNIVERSARIO DEL C.E.L.AM, martes 23 de noviembre 1965).

Por **el texto** de la PP: cf AA., VV., *Encíclica 'Progreso de los Pueblos'*, en *Las Encíclicas para un nuevo tiempo*, Editorial Diálogo, SRL., Montevideo, julio 1967, pp 23-76. Cf AA. VV., *I problemi dell'economia mondiale alla luce della 'Populorum Progressio'*, Vita e Pensiero, Milán, 1967; AA., VV., *Populorum Progressio*, en 'Víspera', Montevideo, 1 (1967) 2, pp 63-80; CETRULO Ricardo, *Populorum Progressio, de la animación de la sociedad al análisis de la situación*, en 'Víspera', Montevideo, (1967) 3, pp 5-10. También cf JARLOT George, *Lo sviluppo economico e la pace nel mondo nell'Enciclica 'Populorum Progressio'*, en 'La Civiltà Cattolica', 118 (1967) 2803, col. II, pp 3-10; cf REDAZIONE, *I popoli della fame interpellano i popoli dell'opulenza*, en 'La Civiltá Cattolica', 118 (1967) n 2804 pp 105-110; cf SORGE Bartolomeo, *Come leggere l'enciclica 'Populorum Progressio'*, en 'La Civiltà Cattolica', 118 (1967) n 2805, pp 209-225. Cf **AA., VV., *'Populorum Progressio'. La encíclica de Paulo VI.* Introducción y comentario por ILADES (Instituto Latinoamericano de Doctrinas y Estudios Sociales - Santiago de Chile), Pequeña Biblioteca Herder, 84, Barcelona, 1968**; AA., VV., *Lo sviluppo dei popoli.* Introduzione, testo e commento alla lettera encíclica *'Populorum Progressio'*, Queriniana, Brescia, 1968; cf SORGE Bartolomeo, *Teologia e Storia nell'Enciclica 'Populorum Progressio'*, en la 'La Civiltá Cattolica', 119 (1968), 11, pp 8-22; también AA.,VV., *Teología y sociología del desarrollo. Comentario a la 'Populorum Progressio'*, Editorial Razón y fe, Madrid, 1968, en particular pp 73-149. Cf también: PABLO VI, *Populorum progressio, sobre la necesidad de promover el desarrollo de los pueblos*, en **AA. VV., *Ocho Grandes Mensajes*, BAC, Madrid, 1974, pp 317-365**; cf el número monográfico AA.VV., *Un'intuizione etica per la storia del Popoli*, en 'Orientamenti', 2 (1987) n 6-7, 166 p. Con motivo del XX aniversario de la misma, cf San JUAN PABLO II, *Sollicitudo rei Socialis*, en AAS 80 (1988), pp 513-586.

[2] Cf «*Sí, Nos os invitamos a todos para que respondáis a **Nuestro grito de angustia, en el nombre del Señor***» (PP 87). Cf Card. Roger ETCHEGARAY, *Actualidad del **grito evangélico** del Papa Montini*, en 'L'Osservatore Romano', edición en lengua española, del domingo 13 de setiembre de 1987, p 6. Se trata del entonces Presidente de la Pontifica Comisión *Iustitia et Pax*, recién creada por la misma Encíclica (cf PP 5). El Papa Pablo VI ha sido proclamado santo el domingo 21 de octubre de 2018.

[3] Cf «(*Revestidos de la paternidad universal*) *ante tan amplio areópago* (la Asamblea General de las Naciones Unidas, del lunes 4 de octubre de 1965) *fuimos el **abogado de los pueblos pobres***» (PP 4). Cf también el solemne balance de su pontificado 40 días antes de su muerte en PABLO VI, *Homilía* del 29 junio de 1978.

[4] El presente trabajo es fruto de una **comunicación presentada en el Simposio** «*Clamor de la tierra, clamor de los pobres*», organizado por la Facultad de Teología del Uruguay el martes 12 de setiembre de 2017 en el Club Católico del Uruguay en Montevideo. El Autor, Mons. Antonio BONZANI es doctor en teología por la Facultad de Teología de Milán y docente de teología dogmática en nuestra casa de estudios ininterrumpidamente desde marzo de 1985 y, desde el 2002, Docente ordinario de la misma disciplina. Ha sido secretario académico por 4 periodos (1987-1999), Vice - Gran Canciller del 2004 al 2008, y Rector de la Facultad por dos periodos (setiembre 2008 - noviembre 2016). Coordina el trienio de teología para laicos (ex ITUM Laicos desde 1988) y es miembro del Consejo de la Facultad. Ha sido Vicario Episcopal para la Familia

1.1) Premisa.

La opción pontificia por una Encíclica y no por otro tipo de documento, como, por ejemplo, una Carta Apostólica, **manifiesta el valor 'normativo'** que el Papa entiende trasmitir con su pronunciamiento a la Iglesia Universal. En efecto, desde PIO XII, había quedado claro el alcance 'vinculante' o el '**valor dogmático**' de una intervención Magisterial **propia de una Encíclica** dentro un determinado contexto de debates teológicos.[5]

El mismo Papa Pablo VI, en una instancia histórica de 1969, reafirmaba que:

*«Nuestra encíclica Populorum Progressio, finalmente, se dedicó a hacer tomar conciencia de que «**la cuestión social** ha tomado una dimensión mundial», con las consecuencias que de ello derivan para el **desarrollo integral y solidario de los pueblos**, el desarrollo que es «el nuevo nombre de la paz»* (nn 3, 76). [6]

---

y los Laicos (del 2000 al 2004) de la Arquidiócesis de Montevideo. Es cura párroco de la Parroquia Nuestra Señora de Lourdes de Malvín de la misma Arquidiocesis.

[5] En esta perspectiva, remitimos al mismo Pontífice: cf PIO XII, *Humani generis*, Encíclica del 12 de agosto del 1950, en DH 3885, donde declara: «*Porque es cierto que generalmente los Pontífices dejan libertad a los teólogos en las cuestiones que se discuten con diversidad de pareceres entre los doctores de mejor nota, pero la historia enseña que muchas cosas que antes estuvieron dejadas a la libre discusión, luego no pueden admitir discusión de ninguna especie.* ***Tampoco ha de pensarse que no exige de suyo asentimiento lo que en las Encíclicas se expone, por el hecho de que en ellas no ejercen los Pontífices la suprema potestad de su magisterio****; puesto que estas cosas se enseñan por el magisterio ordinario, al que también se aplica lo de 'quien a vosotros oye, a mí me oye' [Lc. 10, 16], y las más de las veces,* ***lo que en las Encíclicas se propone y se inculca****, pertenece ya por otros conceptos a la doctrina católica. Y si los Sumos Pontífices en sus documentos pronuncian de propósito sentencia sobre* ***alguna cuestión hasta entonces discutida, es evidente que esa cuestión, según la mente y voluntad de los mismos Pontífices, no puede ya tenerse por objeto de libre discusión entre los teólogos***».

[6] Cf PABLO VI, *Discurso*, a la Organización Internacional del Trabajo (OIT) en el 50 aniversario de su fundación, Ginebra, martes 10 de junio de **1969**. Recordamos que

- **el domingo siguiente** a la firma de la Encíclica, el Pontífice expresaba el deseo de «*que* ***este documento sea comprendido como lo que ha querido ser****, es decir, como* ***un mensaje a la Iglesia y al mundo en pro de la justicia y de la paz****, y para despertar buenas y legítimas esperanzas entre las naciones necesitadas y en vías de desarrollo e infunda al mismo tiempo - lo que es más difícil - nuevos sentimientos y nuevos propósitos de generosidad y solidaridad entre quienes poseen bienes económicos y culturales, para que los pongan a disposición de los pueblos más necesitados. Estas palabras Nuestras tocan* ***problemas graves y difíciles****; pero hacemos votos para que alienten los esfuerzos, ya comenzados por parte de muchos organismos y hombres de bien y competentes, para* ***darles una solución gradual y positiva***». Cf IDEM, *Ángelus* del domingo 2 de abril de 1967, en OR es del martes 25 de abril de 1967, p 2.

- **al mes de la encíclica**, el mismo Papa reconocía que «***Nuestra palabra*** *(...) quiere ser una palabra de esperanza, de fraternidad y de paz para este mundo nuestro que todavía tanto sufre y está dividido. Por cierto* ***se trata de una palabra de difícil realización*** *y que exige gran laboriosidad y renovada generosidad*». Cf IDEM, *Ángelus* del domingo 23 de abril en OR es del 9 de mayo de 1967, p 5.

Dichas afirmaciones se comprenden como una apología de la misma encíclica, que llegó a ser acusada, por ejemplo, por el *The Wall Street Journal*, de '*marxismo recalentado*' («*warmed-over Marxism*»); si bien hay que reconocer que entonces todo el compromiso social de la Iglesia era 'encasillado' generalmente como marxismo.[7]

Por consiguiente el Papa, en su viaje a Ginebra, hacía referencia, durante un importante encuentro ecuménico, a su **carisma 'petrino'**, al mismo tiempo que a 'su' **carisma 'paulino'**:

«*Henos aquí, entre vosotros. **Nuestro nombre es Pedro**. La Escritura nos dice **el sentido que Cristo quiso atribuir a este nombre**, los deberes que nos impone: las responsabilidades del apóstol y de sus sucesores. Pero dejadnos recordar también **otros nombres que el Señor quiso dar a Pedro** para significar otros tantos carismas. **Pedro es pescador** de hombres, **Pedro es pastor**.*

*Por cuanto a Nos concierne, estamos convencidos de que **el Señor nos ha dado**, sin mérito alguno por nuestra parte, **un ministerio de comunión** (...) Ciertamente (...) nos ha concedido este carisma (...) para dejarnos el precepto y el don del amor, en la verdad y la humildad* (cf Ef 4, 15; Jn 13, 14). *Y **el nombre** que hemos tomado, el **de Pablo**, indica suficientemente la orientación que hemos querido dar a nuestro ministerio apostólico*». [8]

---

[7] Cf *A Blessing for Secular Error*, en *The Wall Street Journal*, New York, March 30, 1967, 14A. Cf También REDACIÓN, *Dad al pobre lo que le pertenece.* Entrevista al Card. Óscar Andrés RODRÍGUEZ MARADIAGA sdb, arzobispo de Tegucigalpa, Honduras: «*la actualidad de la encíclica de Pablo VI, que en vez de dividir el mundo entre Este y Oeste, lo dividió entre pueblos opulentos y pueblos hambrientos*», por Gianni CARDINALE, en '*30 Giorni*' *en la Iglesia y en el mundo*, cf n 01 de 2007: *Los cuarenta años de la encíclica Populorum Progressio*.

[8] PABLO VI, *Discurso* en el Centro del Consejo Mundial de las Iglesias, Ginebra, Martes, 10 de junio 1969, en 'L'Osservatore Romano', edición en lengua española, del martes 24 de junio de 1969, p 6s. Recordamos que **dicho carisma** se enmarcaba perfectamente con la firme conciencia que el Papa Pablo VI tenía de su responsabilidad de querer **salvaguardar**, justamente con su acción, **la amenazada unidad de doctrina y de disciplina**, siempre dentro de **la fidelidad al doble principio**:

- **el 'paulino'**, factor de dinamismo y de conciencia misionera, y

- **el 'petrino'**, como factor de estabilidad y arraigo en la Tradición.

Hay que tener presente **el contexto de las complejas crisis socio-culturales de la época** y que mucho condicionaron la recepción del Concilio, al punto que en amplias regiones, especialmente del Norte del Mundo, progresivamente se daba un cambio de actitudes hacia los textos emanados por el Sumo Pontífice y las Congregaciones Romanas: ya no se aceptaban '*semper et ubique*', como documentos del Magisterio, sino a lo más, como propuestas a discutir. De este **momento eclesial muy crítico**, recordamos aquí a **dos Encíclicas del mismo Papa y dos Sínodos, por él convocados**:

1) PABLO VI, *Sacerdotalis Caelibatus*. Carta Encíclica s obre el celibato sacerdotal, del 24 de junio de **1967;**

2) PABLO VI, *Humanae Vitae*. Carta Encíclica sobre la regulación de la natalidad, del 25 de julio de **1968**;

1) **Iª** ASAMBLEA GENERAL ORDINARIA (29 de septiembre - 29 de octubre de **1967**) «*Preservación y fortalecimiento de la fe católica, su integridad, su fuerza, su desarrollo, su coherencia doctrinal e histórica*».

Luego de estas premisas o consideraciones de 'contexto', voy a compartir esta comunicación en 7 puntos.

1.2) Vigencia de "Populorum Progressio".

En primer lugar, quiero destacar **la vigencia de la Encíclica**, reconocida de la manera más solemne por el Magisterio de los Sucesores. Recordamos aquí brevemente unos testimonios autorizados:

Dicha preocupación, mediante el «***Año de la fe***», desembocará en la «***Solemne profesión de fe***» del 30 de junio de 1968, hace 50 años. Cf Cándido POZO SJ, *El Credo del Pueblo de Dios. Comentario Teológico*, BAC, Madrid, 1975.

2) **Iª** ASAMBLEA GENERAL EXTRAORDINARIA (11-28 de octubre de **1969**) «*La cooperación entre la Santa Sede y las Conferencias Episcopales*», enfocándose en las relaciones entre Primado y colegialidad. Cf Ángel ANTÓN SJ, *Primado y colegialidad. Sus relaciones a la luz del primer Sínodo Extraordinario*, BAC, Madrid, 1970. (Actualmente notamos que **Papa Francisco** pensando «*en una conversión del papado (…) llamado a una conversión pastoral*» (EG 32) aporta una **nueva** calificación del título del '**primado petrino**' como '**primado diaconal**', subrayando que «*Estoy convencido de que en la Iglesia debe ser impulsado y valorado* ***el nexo que une la colegialidad y el primado petrino****, para ejercer un 'primado diaconal', el de* ***Servus Servorum Dei***». Cf FRANCISCO, *Saludo* a los Patriarcas y Arzobispos mayores de las Iglesias Orientales Católicas, lunes, 9 de octubre de 2017; cf también FRANCISCO, *Discurso* a la Curia Romana del jueves, 21 de diciembre de 2017. Sobre el tema, cf Salvador PIÉ-NINOT, *L'Appello a una conversione del papato*, en 'L'Osservatore Romano' quotidiano, del domingo 25 de marzo de 2018, p 7).
Como testimonio de **la situación eclesial contextual a la PP recordamos** que, inaugurando el 1º Sínodo de los Obispos a sólo dos años de la conclusión del Concilio, con la referencia a la memoria centenaria del martirio de los Santos Pedro y Pablo, **Pablo VI** manifestaba **su motivada preocupación** por la orientación que iba tomando entonces **el posconcilio**:

«***La solicitud por la fidelidad doctrinal*** *(…)* ***debe guiar este periodo nuestro posconciliar*** *y con tanta mayor vigilancia por parte de quien en la Iglesia de Dios ha recibido de Cristo el mandato de enseñar, de difundir su mensaje y de custodiar el 'depósito de la fe', cuanto* ***más numerosos y más graves son los peligros*** *que hoy la amenazan;*

- peligros enormes a causa de la orientación irreligiosa de la mentalidad moderna y

- peligros insidiosos que desde el interior mismo de la Iglesia se insinúan por obra de maestros y de escritores,

- deseosos, sí, de dar a la doctrina católica una nueva expresión, pero a menudo

- más deseosos de ***acomodar el dogma de la fe al pensamiento y al lenguaje profano****, que de atenerse a la norma del magisterio eclesiástico, dejando así libre curso a la opinión de que, olvidadas las exigencias de la ortodoxia, se pueda escoger entre las verdades de la fe las que a juicio de una instintiva preferencia personal parecen admisibles, rechazando las demás,*

- como si se pudiesen reivindicar los derechos de la conciencia moral, libre y responsable de sus actos, frente a ***los derechos de la verdad****, sobre todo los de la divina revelación* (cf Gál 1, 6-9),

- o como si pudiera someterse a revisión ***el patrimonio doctrinal de la Iglesia*** *para dar al cristianismo nuevas dimensiones ideológicas, muy diversas de las teológicas, que la genuina tradición delineó con inmensa reverencia al pensamiento de Dios. (…)*

Por eso ***la tutela de la fe*** *nos ha parecido tan imperiosa después de la conclusión del Concilio, que hemos invitado a la Iglesia entera a celebrar* ***un 'año de la fe'*** (proclamado desde el 29 de junio de 1967 hasta el 30 de junio de 1968) ***en honor de los dos Apóstoles, principales maestros y testigos del Evangelio de Cristo***». Cf PABLO VI, *Discurso* del 29 de setiembre, inaugurando la Primera Sesión del Sínodo Episcopal, en 'L'Osservatore Romano', edición en lengua española, del martes 10 de octubre de 1967, pp 1-3, aquí p 1.

A) el de nuestro **Papa FRANCISCO**, quien hizo coincidir el nacimiento del nuevo **Consejo Pontificio para el Servicio del Desarrollo Humano Integral** «*con el 50 aniversario de la Encíclica Populorum Progressio del beato Pablo VI, quien* - como reconoce FRANCISCO - *precisó en detalle en aquella encíclica el significado de 'desarrollo integral' (cf n 21), y fue él quien propuso aquella fórmula sintética y afortunada: «de todo hombre y de todo el hombre» (n 14)*».

y continuaba FRANCISCO: «*se trata de **integrar entre ellos cuerpo y alma**. Ya Pablo VI escribía que **el desarrollo***

- no se reduce a un simple crecimiento económico (cf n 14),

- no consiste en el tener a disposición cada vez más bienes, para un bienestar solamente material.

***Integrar cuerpo y alma** significa además que ninguna obra de desarrollo podrá llegar verdaderamente a su fin si no respeta ese lugar en el cual Dios está presente para nosotros y habla a nuestro corazón*».[9]

También reconocía:

«*La Lettera enciclica Popolorum Progressio, volle essere un «appello solenne a una azione concertata per lo sviluppo integrale dell'uomo» e per «lo sviluppo solidale dell'umanità*» (n 5).

***Tale richiamo risuona urgente anche ai giorni nostri**, mentre la povertà dilaga e la pace viene quotidianamente disattesa in molte parti del mondo. Per costruirla, **è necessario eliminare le cause di discordia**, proprio «a cominciare dalle ingiustizie»; la pace tra gli uomini, infatti, è «opera della giustizia»* (*Gaudium et spes*, 83;78). *Perciò la vostra riflessione, incentrata sulla «giustizia tra i popoli», è particolarmente attuale. Essa si ispira a quel «Vangelo in cammino» che chiede di portare la carità, la fede e la speranza cristiane incontro all'uomo sulle strade di oggi*».[10]

Más recientemente reconocía que: [11] «*También la Populorum progressio ha jugado un papel decisivo en la reconfiguración de los estudios eclesiásticos a la luz del*

---

[9] Cf FRANCISCO, ***Discurso*** a los participantes en un congreso organizado por Dicasterio para el Servicio del Desarrollo Humano Integral, en el 50 aniversario de la encíclica *Populorum Progressio*, aula del sínodo, **martes 4 de abril de 2017**.

[10] Cf FRANCISCO, *Ai Partecipanti al Convegno 'PAOLO VI, il Papa della Modernità'*, mensaje del 8 novembre 2017.

[11] FRANCISCO, *Veritatis Gaudium.* Constitución Apostólica sobre las Universidades y Facultades Eclesiásticas, del 27 de diciembre de 2017, n 2.

Vaticano II, y ha ofrecido junto con la Evangelii nuntiandi - como se corrobora por la trayectoria de las diversas iglesias locales - importantes impulsos y orientaciones concretas para la inculturación del Evangelio y para ***la evangelización*** *de las culturas en las diversas regiones del mundo, respondiendo así a los desafíos del presente. De hecho, esta encíclica social de Pablo VI subraya incisivamente que* ***el desarrollo de los pueblos*** *- clave imprescindible para fomentar la justicia y la paz a nivel mundial - «debe ser integral, es decir, promover a todos los hombres y a todo el hombre»* [PP 14], *y recuerda la necesidad de «pensadores de reflexión profunda que busquen un humanismo nuevo, el cual permita al hombre moderno hallarse a sí mismo»* [PP 20]. La *Populorum progressio* **interpreta con visión profética** *la cuestión social como un tema antropológico que afecta al destino de toda la familia humana»*.

B) El Congreso recientemente organizado por el Departamento de Justicia y Solidaridad (DEJUSOL) del Consejo Episcopal Latinoamericano (CELAM) junto con el Secretariado de América Latina y el Caribe de CÁRITAS (SELACC) con integrantes del equipo directivo de ***Caritas Internationalis*****, para conmemorar los 50 años** de la promulgación de la misma Encíclica junto con la celebración del **Centenario del nacimiento del Santo Mártir Arzobispo Oscar Arnulfo Romero** en el Salvador, entre el 13 y el 16 de agosto, cuya declaración final se denomina «*Un nuevo humanismo para el desarrollo integral*».[12]

C) del Papa emérito **BENEDICTO XVI**, quien, además de reconocer a la *Populorum Progressio «su íntima unión* ***con toda*** *la doctrina social de la Iglesia»* (n 13) declara: *«manifiesto mi convicción de que* ***la Populorum progressio*** *merece ser considerada como* ***«la Rerum novarum de la época contemporánea»****, que ilumina el camino de la humanidad en vías de unificación»* (CiV 8). [13]

D) del Santo Papa **JUAN PABLO II**, quien afirmaba *«La enseñanza evangélica de la Encíclica Populorum Progressio permanece siempre viva y actual y es a esa enseñanza, en el surco de la gran tradición del Magisterio social de la Iglesia, precedente y siguiente, a la que hay que hacer referencia para encontrar el modo de afrontar, con ideas y medidas urgentes y eficaces, los arduos desafíos del presente y del futuro»*.[14]

---

[12] Podemos destacar como a comienzo del año 2017 ya aparecen aportes sobre la Encíclica, por ejemplo, cf Mari Rapela HEIDT, *Development, Nations, and 'The Signs of the Times'*: The Historical Context of *Populorum Progressio*, en "Journal of Moral Theology", 6 (2017) 1, pp 1-20. Se trata de un número totalmente dedicado a la Encíclica: *Populorum Progressio: 50 Years*. Edited by Mari Rapela HEIDT and Matthew A. SHADLE. Publicación de la Mount St. Mary's University, Emmitsburg, Maryland.

[13] Cf BENEDICTO XVI, *Caritas in Veritate.* **Encíclica sobre el desarrollo humano integral** en la caridad y en la verdad del el 29 de junio, solemnidad de San Pedro y San Pablo, del año 2009, al concluir el Año Paulino.

[14] Cf JUAN PABLO II, *La 'Populorum Progressio': un documento evangélico que responde a las expectativas y esperanzas, a las angustias y a los gritos de los hombres de nuestro tiempo. Discurso* del 24 de marzo de 1987, en ''L'Osservatore Romano', edición en lengua española del domingo 13 de setiembre de 1987, p 16.

2) Reconocemos que también hoy «*es difícil medir todo lo que la humanidad y la Iglesia ha recibido de la Populorum Progressio, de su pensamiento, descarnado y valiente.*[15] Llamada también la '***Encíclica de la Resurrección***',[16] es una de las más importantes tomas de posición del Santo Papa Pablo VI en el campo social y que puede ser considerada como **la plataforma de despegue de la Constitución Pastoral '*Gaudium et Spes*'**.

Es comprendida y presentada, por el mismo Papa, como un

«*solemne llamamiento para una acción concreta a favor del desarrollo integral del hombre y del desarrollo comunitario de la humanidad*» (cf PP 5),

precisando que

«*por su **inserción en el Cristo vivo,** el hombre tiene el camino abierto hacia un progreso nuevo, hacia un humanismo trascendental, que le da su mayor plenitud; tal es **la finalidad suprema** del desarrollo personal*» (PP 16).[17]

1.3) Algunas consideraciones acerca del aspecto metodológico aportado por la Encíclica.

La *Populorum Progressio* documenta irreversiblemente el paso hacia una nueva postura de la Iglesia con relación al mundo, en modo particular por lo referente a la llamada '**cuestión social**'.[18] Subyacía en los anteriores pronunciamientos pontificios la identificación: problema social – problema moral. Esto no sólo eximía a la Iglesia de cuestionarse la legitimidad de su competencia, siendo la misma indiscutible en el campo moral, sino sobre todo la dispensaba de buscar métodos de acercamiento

---

Remitimos, sobre todo, a San JUAN PABLO II, *Sollicitudo rei socialis.* Carta Encíclica **al cumplirse el vigésimo aniversario de la *Populorum Progressio,*** del día 30 de diciembre del año 1987.

[15] Cf Cf Card. Roger ETCHEGARAY, *Actualidad del grito evangélico del Papa Montini*, en 'L'Osservatore Romano', edición en lengua española, del domingo 13 de setiembre de 1987, p 6. Se trata del entonces Presidente de la Pontifica Comisión *Iustitia et Pax*, recién creada por la misma Encíclica (cf PP 5).

[16] Se trata de una encíclica «***Sobre la necesidad de promover el Desarrollo de los Pueblos***». Fue anunciada por San Pablo VI en su Mensaje Pascual del Domingo de Resurrección y, en esta misma jornada, 26 de marzo de 1967, firmó el texto que se hizo público unos días después. Cf REDACCIÓN, en 'L'Osservatore Romano', edición en lengua española del domingo 13 de setiembre de 1987, p 15.

[17] Cf «***el anuncio de Cristo es el primero y principal factor de desarrollo***», así resume el concepto BENEDICTO XVI, *Caritas in Veritate.* **Encíclica sobre el desarrollo humano integral** en la caridad y en la verdad del el 29 de junio, solemnidad de San Pedro y San Pablo, del año 2009, n 8. **Todo el cap. Iº es dedicado al Mensaje de la *Populorum Progressio*** (nn 8-9; 10-20).

[18] Cf, por ejemplo, Antonio BONZANI, *La Teología en el Magisterio Episcopal de Medellín*, Libro Anual 1989, Instituto Teológico del Uruguay 'Mariano SOLER', Montevideo, 1992, tomo I, p 80.

diferente del modo tradicional de tratar las cuestiones morales, en particular por lo referente a la temática del 'desarrollo', considerado, ya por la '*Mater et Magistra*', un «*problema epocal*». [19]

1.4) Aspecto eclesiológico.

Así la emergencia del problema social orienta la reflexión eclesial a **reconsiderar la naturaleza de la Iglesia**: se trata en efecto de mostrar que la Iglesia tiene una propia competencia en materia social y por ende – como presupuesto necesario – que el interés por **el problema social entra de alguna manera en la misión específica de la Iglesia** en el mundo. [20]

En dicha perspectiva viene no solamente evidenciado, sino sobre todo explicado el cambio operado por el Magisterio del Santo Papa Pablo VI que busca **las razones de la competencia de la Iglesia no en la naturaleza del hecho social, sino en la naturaleza misma de la Iglesia.** Ya no se indaga sobre la 'cuestión' social, considerada como una de las 'cuestiones' morales, sino se busca esclarecer la 'naturaleza', por así decirlo, del hecho social, que interactúa con la 'naturaleza' de la Iglesia y de su 'misión': [21]

---

[19] Para la Encíclica: cf San JUAN XXIII, *Mater et Magistra* del 15 de mayo de 1961, **cf n 41**, en AAS, LIII (1961) pp 401-464; un comentario amplio y profundo, puede ser: INSTITUTO SOCIAL LEON XIII (a cargo de), *Comentarios a la 'Mater et Magistra'*, BAC, Madrid, 1968, 775 p., sobre todo la detallada bibliografía, en las pp VII-XXXIX. Aquí nos limitamos a destacar la indicación de **método** dada por la encíclica misma: **actuar a partir de un análisis directo de la realidad** (método deductivo), **sintetizado** en tres verbos: «*aspicere - iudicare - agere* (ver-juzgar-actuar)»: cf AAS, LIII (1961) pp 401-464, aquí p 456 (en BAC p 97): «*doctrinae praecepta, quae sunt de rebus socialibus, primun quae sit vera rerum conditio circumspicitur*». Por las repercusiones teológicas de la competencia de la Iglesia en materia social propuestas nuevamente en la encíclica, cf COLOMBO Giuseppe, *Magistero Ecclesiastico e problema sociale,* en 'La Scuola Cattolica', 90 (1962) pp. 483-500.

[20] Cf, por ejemplo, Antonio BONZANI, *La Teología en el Magisterio Episcopal de Medellín*, Libro Anual 1989, Instituto Teológico del Uruguay 'Mariano SOLER', Montevideo, 1992, tomo I, p 80.

[21] El Santo Papa PABLO VI, pocos meses antes, en su Mensaje a la Asamblea Extraordinaria del CELAM, llevada a cabo en **Mar del Plata** (Argentina) del 9 al 16 de octubre de 1966, que consideraba la «***Presencia activa de la Iglesia en el desarrollo y en la integración de América latina a la luz del Concilio Ecuménico Vaticano II y de la alocución de S.S. PAULO VI al CELAM***», afirmaba:

«*no* ***se le pide a la Iglesia*** *que se haga especialista en una o en otra disciplina, de sociología o de economía, sino más bien* ***que coopere a la solución de los graves problemas contemporáneos con los que le es propio,*** *es decir con los* ***recursos de orden religioso y sobrenatural*** *que ha recibido de su Divino Fundador Cristo Señor.* ***La Iglesia, adornada con esta vestidura, no tiene necesidad de pedir una tímida autorización para colocar su piedra en la construcción de la sociedad terrena****: puede hacerlo con credenciales validísimas e indiscutibles, porque tiene un mandato divino y el mundo de hoy nos estará agradecido si le mostramos nuestro ideal con toda su plenitud y con todas sus exigencias y si le decimos con claridad desde el principio* ***lo que sólo nosotros, Iglesia de Dios, podemos ofrecerle con verdadero espíritu de amor y de servicio***». Cf PABLO VI, *Mensaje* del 29 de setiembre de 1966, en OR es del martes 25 de octubre de 1966, p 1s. Dicha Asamblea dedicó varias sesiones a estudiar las consecuencias religiosas de los cambios sociales y a formular una pastoral apropiada.

«Con la experiencia que tiene de la humanidad, ***la Iglesia****, sin pretender de ninguna manera mezclarse en la política de los Estados (...) pero* ***viviendo en la historia****, ella debe 'escrutar a fondo* ***los signos de los tiempos****, e interpretarlos a la luz del Evangelio'. Tomando parte en las mejores aspiraciones de los hombres (...) desea ayudarles a conseguir* ***su pleno desarrollo*** *y esto es precisamente porque ella les propone* ***lo que ella posee como propio: una visión global del hombre y de la humanidad*****»** (PP 13). [22]

Como afirmaba San JUAN PABLO II, la Encíclica *Populorum Progressio* merece ciertamente la calificación de '*evangélica*'.[23] Efectivamente, ella no es el resultado exclusivo de un estudio hecho con la ayuda de las ciencias sociales, aunque éstas hayan contribuido a su preparación. Es más bien, sobre todo, el **fruto de una meditación pastoral profunda** sobre la realidad humana del mundo en aquellos años, llevada a cabo bajo la guía exigente, del Evangelio y de la Tradición de la Iglesia en materia social.[24] Trata de dar respuesta a las cuestiones que se refieren a **la vida concreta de los hombres y de las mujeres** de este mundo, en cuanto son portadores de la imagen divina, y por tanto sujeto de derechos inalienables, **llamados a un destino eterno de comunión con Dios** y entre sí mismos, y también respecto a aquella medida del **bienestar terreno que exige su dignidad común**.[25]

1.5) Dimensiones mundiales de la cuestión social y de la interpelación de los pobres.

El Papa mira al mundo entero y constata que la pobreza tiene una dimensión amplísima. La llama con una amarga terminología: «*miseria inmerecida*» (PP 9. 67) y capaz de «*suscitar la cólera de los pobres*» (PP 49). La Encíclica supo captar el verdadero drama de aquel momento de la historia: *el progreso de muchos, la miseria de muchos más (...)* y, por encima de todo, la dolorosa sensación de que *un cierto tipo de desarrollo no trae consigo la ansiada felicidad*. El gran mérito de Pablo VI - reconoce San Juan

---

[22] Cf, por ejemplo, Antonio BONZANI, *La Teología en el Magisterio Episcopal de Medellín*, Libro Anual 1989, Instituto Teológico del Uruguay 'Mariano SOLER', Montevideo, 1992, tomo I, p 83. Cf sobre el tema, el aporte clarificador del Papa PABLO VI, ***Escrutar los signos de los tiempos****: una misión ineludible del hombre de hoy*, Catequesis del 16 de abril de 1969, en 'L'Osservatore Romano', edición en lengua española del martes 29 de abril de 1969, p 3.

[23] La calificación de '**evangélica**' le viene atribuida por el Santo Papa JUAN PABLO. Cf San JUAN PABLO II, La '*Populorum Progressio*': *un documento evangélico que responde a las expectativas y esperanzas, a las angustias y a los gritos de los hombres de nuestro tiempo. Discurso* del 24 de marzo de 1987, en 'L'Osservatore Romano', edición en lengua española del domingo 13 de setiembre de 1987, p 15, donde afirma «*La Encíclica Populorum Progressio* ***merece ciertamente la calificación de 'evangélica'***» (n 4).

[24] Cf IBIDEM.

[25] Cf IBIDEM.

Pablo II - radica en haber captado la llamada que se lanzaba desde esta situación dramática a toda conciencia humana y, sobre todo, a toda conciencia cristiana.[26]

Afirma el Papa Pablo VI:

«*Hoy, **el hecho más importante** del que todos deben tomar conciencia es el de que **la cuestión social ha tomado una dimensión mundial** (...) y «los pueblos hambrientos interpelan hoy, con acento dramático, a los pueblos de la opulencia*» (PP 3).

También:

«*los pueblos más jóvenes o más débiles reclaman tener su parte activa en la construcción de un mundo mejor (...).* **Este clamor es legítimo***; a la responsabilidad de cada uno queda el escucharlo y el responder a él*» (PP 65), ya que «***la hora de la acción ha sonado ya***» (PP 80).

Todo esto obliga a que:

«***Hay que darse prisa***. *Muchos hombres sufren y aumenta la distancia que separa el progreso de los unos del estancamiento y aun retroceso de los otros*» (PP 29).

En efecto, el Santo Papa constata que «*los pueblos pobres permanecen siempre pobres, y los ricos se hacen cada vez más ricos* (PP 57), diagnosticando que «***El mundo está enfermo***. *Su mal está (...) en la falta de fraternidad entre los hombres y entre los pueblos*» (PP 66). [27]

Ante esta situación:

« *Se trata de construir*

- *un mundo* *donde todo hombre, sin excepción de raza, religión, o nacionalidad, pueda vivir una vida plenamente humana, emancipado de las servidumbres que le vienen de la parte de los hombres y de una naturaleza insuficientemente dominada;*

- *un mundo* *donde la libertad no sea una palabra vana y* ***donde el pobre Lázaro pueda sentarse a la misma mesa que el rico*** *(cf Lc 16, 19-31). A cada cual toca examinar* ***su conciencia, que tiene una nueva voz para nuestra época***» (PP 47) «*que los ricos sepan*

---

[26] Cf IBIDEM.

[27] **La segunda parte de la encíclica** está toda dedicada a la solidaridad internacional necesaria para el desarrollo, e insiste mucho sobre la necesidad de no transformar la ayuda económica en un modo de presión política (PP 54).

al menos que los pobres están a su puerta y aguardan las migajas de sus banquetes» (PP 83).

1.6) Aspecto antropológico: el auténtico desarrollo.

La *Populorum Progressio* ha tenido como **efecto inmediato** el poner a los hombres la difícil cuestión, aunque ineludible, del sentido y de la noción del verdadero progreso, exigida por la vocación propia del hombre y por su finalidad temporal y eterna. Es más, **da a la noción misma de progreso un nuevo y más profundo contenido, ya que** «*el tener más, lo mismo para los pueblos que para las personas, no es el fin último*» (PP 19). Indicó en el desarrollo, humana y cristianamente entendido, el corazón del mensaje social cristiano y propuso **la caridad cristiana** como principal fuerza al servicio del desarrollo (cf PP 3).

«*En **la visión cristiana, el desarrollo** no se identifica con el crecimiento puramente económico*» de los bienes, al contrario, «*el crecimiento económico **depende** en primer lugar del progreso social; por eso la educación básica es el primer objetivo de un plan de desarrollo. Efectivamente **el hambre de instrucción no es meno deprimente que el hambre de alimentos***» (PP 35).

El desarrollo, para ser auténtico, debe ser también **integral**, **elevación de las personas en todos los aspectos y elevación universal de toda la humanidad** (cf PP 14),[28] ya que «*por solo el esfuerzo de su inteligencia y de su voluntad, cada hombre puede crecer en humanidad, valer más, ser más*» (PP 15), «*resulta así que el crecimiento humano constituye como un resumen de nuestros deberes*» (PP 16).

Dentro de esta perspectiva, el progreso y el bienestar consiguiente **no acabarán por materializar al hombre**: le darán, al contrario, la posibilidad de perfeccionarse, de **elevarse** y, por lo mismo, de espiritualizarse. Estos son los criterios imprescindibles que deben guiar toda la dinámica del **pleno desarrollo** o sea «***el desarrollo integral** de todo el hombre y de todos los hombres* » (PP 42) ya que «*el desarrollo es el nuevo nombre de la paz*» (PP 73). De esta manera, «***la solidaridad** que proponemos es un camino hacia la paz* y *hacia el desarrollo*» (PP 87), mientras que «*para las naciones, como para las personas, **la avaricia** es la forma más evidente de **un subdesarrollo moral***» (PP 19, cf 49).

La llamada al desarrollo solidario de la humanidad, lanzada por Pablo VI, no responde solamente a una necesidad económica o política, sino a una apertura de la

[28] Se trata de una referencia explícita al aporte del sacerdote dominico francés P. Louis – Joseph LEBRET OP, aporte considerado «***una collaborazione decisiva***» a la encíclica *Populorum Progressio*, que ocupa el centro de la llamada «*rivoluzione montiniana*», cf Charles De PECHPEYROU, en 'L'Osservatore Romano' cotidiano del jueves 23 de marzo de 2017, pp 5. 6.

historia a su transformación escatológica, como un imperativo de nuestra fe, de nuestra ética.[29] En efecto, come afirma el mismo Sumo Pontífice: «*nadie puede permanecer indiferente ante la suerte de sus hermanos que todavía yacen en la miseria…*» (PP 74), por tanto, «***nuestra caridad con los pobres que hay en el mundo** – y estos son **legiones infinitas** – **debe ser** más atenta, más activa, más generosa*» (PP 76).

Destacamos **las claras expresiones** con las que la PP procede a indicar como se

«*…podrá **realizar en toda su plenitud el verdadero desarrollo**, que es **el paso, para cada uno y para todos, de condiciones de vida menos humanas, a condiciones más humanas***»,

«*- **Menos humanas**: las carencias materiales de los que están privados del mínimum vital y las carencias morales de los que están mutilados por el egoísmo.*

*- **Menos humanas**: las estructuras opresoras, que provienen del abuso del tener o del abuso del poder, de la explotación de los trabajadores o de la injusticia de los negociados.*

*- **Más humanas**: el remontarse de la miseria a la posesión de lo necesario, la victoria sobre las calamidades sociales, la ampliación de los conocimientos, la adquisición de la cultura.*

*- **Más humanas** aún: el aumento en la consideración de la dignidad de los demás, la orientación hacia el espíritu de pobreza (cf Mt 5, 3), la cooperación en el bien común, la voluntad de paz.*

*- **Más humanas todavía**: el reconocimiento, por parte del hombre, de los valores supremos, y de Dios, que de ellos es la fuente y el fin.*

*- **Más humanas, por fin y especialmente**: la fe, don de Dios acogido por la buena voluntad de los hombres, y la unidad en la caridad de Cristo, que nos llama a todos a participar, como hijos, en la vida del Dios vivo, Padre de todos los hombres*» (PP 21).

En fin, el Papa impulsa a los cristianos y creyentes «*a abrir a todos los caminos de una vida más humana, en la que cada uno sea amado y ayudado como su prójimo y su hermano*» (PP 82) ya que «***Lo que cuenta para nosotros es el hombre, cada hombre**, cada agrupación de hombres, hasta la humanidad entera*» (PP 14).

---

[29] Cf Card. Roger ETCHEGARAY, *Actualidad del grito evangélico del Papa Montini*, en 'L'Osservatore Romano', edición en lengua española, del domingo 13 de setiembre de 1987, p 6. Se trata del entonces Presidente de la Pontifica Comisión *Iustitia et Pax*, recién creada por la misma Encíclica (cf n 5).

El Papa es consciente que «*algunos creerán utópicas tales esperanzas*» (PP 79), pero confía que

«*Nadie puede permanecer indiferente ante la suerte de sus hermanos que todavía*

- *yacen en la miseria,*
- *presa de la ignorancia,*
- *víctimas de la inseguridad.*

Como el corazón de Cristo, el corazón del cristiano debe sentir compasión de tanta miseria» (PP 74).

En efecto, declara: «*vosotros sois **los apóstoles del desarrollo auténtico y verdadero** que (...) consiste en la economía al servicio del hombre, **el pan de cada día distribuido a todos**, como fuente de fraternidad y signo de la Providencia*» (n 86).

1.7) Conclusión.

Tal vez sea la más importante Encíclica de San PABLO VI y que **anticipa el horizonte de la globalización**, extendiendo los principios de la doctrina social a todos los pueblos de la tierra.[30]

En efecto, **la Encíclica** propone a la consideración de la conciencia cristiana los temas del desarrollo, pero relacionados al tema más amplio del progreso en general, reflejando una precisa tendencia de la Iglesia a ver en su presencia comprometida 'dentro' de **los procesos histórico-sociales el modo de responder a la misión divina**.[31] En efecto «*la oración de todos debe subir con fervor al Todopoderoso (...) A esta oración debe corresponder la entrega completa de cada uno, en la medida de sus fuerzas y de sus posibilidades, a **la lucha contra el subdesarrollo***» (PP 75).

En esta perspectiva el Santo Papa Pablo VI llega a hablar de «*el dinamismo de **un mundo que quiere vivir más fraternalmente**, y que **a pesar de***

- *sus ignorancias,*
- *sus errores,*
- *sus pecados,*
- *sus recaídas en la barbarie y*
- *sus alejados extravíos fuera del camino de la salvación,*

---

[30] Cf Carlo CARDIA, *Sui passi di Paolo VI, il Papa riformatore*, en 'Avvenire', domenica 1 ottobre 2017.

[31] Cf, por ejemplo, ANGELINI Giuseppe, *Progreso*, en 'Nuevo Diccionario de Teología, EP, Madrid, 1987, pp 1400-1422, aquí p 1418.

se acerca lentamente, aun sin darse cuenta, hacia su Creador» (n 79).

Termino con las siguientes consideraciones:

a) una afirmación de Papa emérito BENEDICTO XVI:

«***El anuncio de Cristo es el primero y principal factor de desarrollo***»,[32] y «***La verdad del desarrollo consiste en su totalidad****: si no es de todo el hombre y de todos los hombres, no es verdadero desarrollo.*

Éste es ***el mensaje central*** *de la Populorum Progressio,* ***válido hoy y siempre***».[33]

b) **Las reacciones a la Encíclica** ayudó a comprender la situación eclesial que se iba dando y que el mismo Pablo VI diagnosticaba preocupado:

«*...se intenta introducir en el Pueblo de Dios una mentalidad que llaman postconciliar', que deja a un lado la firme coherencia del Concilio, de sus amplios y magníficos desarrollos doctrinales y legislativos, con el sagrado patrimonio del magisterio y de la disciplina de la Iglesia,* ***para subvertir su espíritu de fidelidad tradicional*** *y difundir la ilusión de dar una nueva interpretación, temeraria y estéril del Cristianismo*». [34]

En efecto, debemos recordar que a partir, aproximadamente, de la mitad del 1967, la denuncia de la incertidumbre y el cuestionamiento por la falta de disciplina debían inducir a la opinión pública católica a buscar refugio seguro en **el Papado**, que volvía a presentarse **como el punto de referencia más sólido dentro del Pueblo de Dios**. Es así que San Pablo VI tuvo entonces conciencia de que en muchos Países la Iglesia se encontraba en crisis en el plano doctrinal, disciplinario y moral. Para superar eficazmente dicha crisis se perfilaba un solo medio: **el carisma-ministerio 'Petrino'**.[35]

---

[32] Así resume el concepto de desarrollo BENEDICTO XVI, *Caritas in Veritate.* **Encíclica sobre el desarrollo humano integral** en la caridad y en la verdad, del el 29 de junio, Solemnidad de San Pedro y San Pablo, del año 2009, n 8. Llega a alertar que «*el objetivo exclusivo del beneficio, cuando es obtenido mal y sin el bien común como fin último, corre* ***el riesgo de destruir riqueza y crear pobreza***» (n 21).

[33] Cf IBIDEM, n 18.

[34] Cf PABLO VI, *Petrum et Paulum Apostolos.* Exhortación Apostólica con motivo del XIX centenario del martirio de los Apóstoles Pedro y Pablo, del 22 de febrero de 1967, en 'L'Osservatore Romano', edición en lengua española del 7 de marzo de 1967, pp 1s.

[35] GROOTAERS Jan, *Dal Concilio Vaticano II a Giovanni Paolo II*, Marietti, Casale Monferrato, 1982, pp 83ss. Cf, por ejemplo, las expresiones muy preocupadas del Papa a 6 meses de la publicación de la encíclica PP: «*En realidad,* ***no sin gran dolor*** *hemos sabido que* ***circulan algunas opiniones que no se pueden aprobar****, las que menospreciando el Magisterio de la Iglesia y fundadas en* ***falsas interpretaciones del Concilio****, acomodan incautamente la doctrina cristiana referente a las costumbres a las inclinaciones y a las perversas opiniones de este siglo,* ***como si*** *no fuese que el mundo deba conformarse a la ley de Cristo, sino que* ***la ley de Cristo tuviese que adecuarse al mundo*** ('*quasi* ***non mundus ad legem Christi, sed lex Christi ad mundum***

Quiero terminar con unas referencias a Papa FRANCISCO, quien hacia la conclusión del año cincuentenario de la *Populorum progressio*, reconocía su valor como **necesaria recuperación** de la 'memoria' histórica de esta «*encíclica olvidada*»,[36] y como una verdadera «*profezia del mondo globale*»,[37] en el sentido que «*la Populorum progressio interpreta* ***con visión profética*** *la cuestión social como un tema antropológico que afecta al destino* ***de toda la familia humana***». [38]

En efecto:

«*La Lettera enciclica* ***Popolorum Progressio***, *(...) volle essere un* «***appello solenne a una azione concertata per lo sviluppo integrale dell'uomo***» *e per* «***lo sviluppo solidale dell'umanità***» (n 5*).*

Tale richiamo risuona urgente anche ai giorni nostri*, mentre la povertà dilaga e la pace viene quotidianamente disattesa in molte parti del mondo. Per costruirla,* ***è necessario eliminare le cause di discordia****, proprio* «***a cominciare dalle ingiustizie***»*; la pace tra gli uomini, infatti, è* «***opera della giustizia***» *(Gaudium et spes, 83;78).*

Perciò la vostra riflessione, incentrata sulla «***giustizia tra i popoli***»*, è particolarmente attuale.* »

Reafirmando también que:

«*... este* ***desarrollo humano*** *será obra de todos porque será fruto de un esfuerzo común que, a través de los medios proporcionados con tanta generosidad por las comunidades eclesiales,* ***convierte el descarte en un auténtico recurso****, no sólo para un país sino también* ***para beneficio de toda la humanidad***». [39]

---

conformanda esset') *inducidos a una opinión diversa, como si según el Magisterio del Concilio fuesen lícitas algunas cosas que la Iglesia había declarado antes como* ***intrínsecamente malas***.*¿Quién no ve que de esto se sigue* ***un perverso relativismo moral*** *que, con toda evidencia pone en peligro* ***todo*** *el patrimonio doctrinal de la Iglesia?*». Cf PABLO VI, *Discurso* del 22 de setiembre de 1967 al Capítulo General de los Redentoristas, en 'L'Osservatore Romano', edición en lengua española, del 10 de octubre de 1967, n 773, p 5.

[36] Cf REDAZIONE, *L'enciclica dimenticata*, en 'L'Osservatore Romano quotidiano del jueves 23 de marzo de 2017, pp 1. 4. 5. 6.

[37] Cf Giancarlo Maria BREGANTINI, *La profezia di Paolo VI e il cuore della Populorum Progressio*, en Istituto Paolo VI. Notiziario, Brescia, diciembre 2017. n 74, pp 20-27; cf también, Stefania FALASCA, *Squilibri, migrazioni, solidarietà: l'attualità di Paolo VI*, en 'L'Avvenire', giovedì 23 marzo 2017.

[38] Cf FRANCISCO, *Veritatis Gaudium.* Constitución Apostólica sobre las Universidades y Facultades Eclesiásticas, del 27 de diciembre de 2017, n 2.

[39] Cf FRANCISCO, *Mensaje con motivo del XXV Aniversario de la Fundación Populorum Progressio*, del 20 de noviembre de 2017.

2) El Magisterio de Medellín, ¿*'receptio'* latinoamericana de la *Populorum progressio*? [40]

2.1) Premisa

No se habían apagados los ecos de las celebraciones eclesiales con motivo del cincuentenario de la encíclica *'Populorum progressio'* (1967-2017),[41] cuando se

---

[40] Para la categoría teológica de *'Receptio'*, cf el clásico aporte de CONGAR, Yves, *La 'réception' comme réalité ecclésiologique*, Revue des Sciences Philosophiques et Théologiques 56 (1972) 3, pp 369-403; cf también SARTORI Luigi, *La 'ricezione' nella Chiesa credente*, en 'Credere oggi', 2 (1982), pp 47s. Con 'recepción' se quiere referirse a la actitud de la Iglesia-Jerarquía que incorpora en su cuerpo de doctrina un elemento del que ella misma no tenía noticia o conocimiento anteriormente **reconociéndolo como válido**, por ejemplo: **el método 'ver-juzgar-actuar' de la JOC** en San JUAN XXIII, *Mater et Magistra* del 15 de mayo de 1961, **cf n 41**, en AAS, LIII (1961) pp 401-464; nos limitamos a destacar la indicación de **método** dada por la encíclica misma: **actuar a partir de un análisis directo de la realidad** (método deductivo), **sintetizado** en tres verbos: «*aspicere - iudicare - agere* (ver-juzgar-actuar)»: en particular el binomio teológico pastoral impulsado por Medellín: «***evangelización y promoción humana***», también los términos secularización, enculturación, etc. Al respecto afirmaba la COMISIÓN TEOLÓGICA INTERNACIONAL, «*La 'recepción' puede ser descrita como un proceso por el cual, guiado por el Espíritu Santo, el Pueblo de Dios reconoce intuiciones o puntos de vista y los integra en los modelos y estructuras de su vida y culto, aceptando un nuevo testimonio de la verdad y las correspondientes formas de su expresión, porque las percibe como acordes con la Tradición apostólica.* ***El proceso de recepción es fundamental*** *para la vida y la salud de la iglesia como un pueblo peregrino en camino en la historia hacia la plenitud del reino de Dios. (...) Los fieles deben reflexionar sobre la enseñanza que le ha sido dada, haciendo todo lo posible para entenderla y aceptarla*». Pero también el documento exhorta a que «*El Magisterio debe reflexionar igualmente sobre la enseñanza que se ha dado y considerar si esta necesita una clarificación o reformulación con el objetivo de comunicar de manera más efectiva el mensaje esencial*». Cf COMISIÓN TEOLÓGICA INTERNACIONAL, *El «sensus fidei» en la vida de la Iglesia*, BAC, Madrid, 2014, nn 78.80, pp 69ss.

[41] Cf. PABLO VI, ***Populorum Progressio***, Carta Encíclica a los obispos, sacerdotes, religiosos y fieles de todo el mundo y a todos los hombres de buena voluntad **sobre la necesidad de promover el desarrollo de los pueblos,** del 26 de marzo de 1967, Fiesta de la Resurrección de Nuestro Señor Jesucristo.

- **PREÁMBULO (nn 1-5);**

- **PRIMERA PARTE (nn 6-42: *Por un desarrollo integral del hombre*)**

  I. LOS DATOS DEL PROBLEMA (nn 6 - 11)
  II. LA IGLESIA Y EL DESARROLLO (nn 12 - 21)
  III. ACCIÓN QUE SE DEBE EMPRENDER (nn 22 - 42)

- **SEGUNDA PARTE (nn 43-87: *El desarrollo solidario de la humanidad*)**

- **INTRODUCCIÓN (NN 43 - 44)**

  I. ASISTENCIA A LOS DÉBILES (nn 45 - 55)
  II. LA JUSTICIA SOCIAL EN LAS RELACIONES COMERCIALES (nn 56-65)
  III. LA CARIDAD UNIVERSAL (66 - 80)

- **LLAMAMIENTO FINAL (81- 87)**

empezaba a organizarse, especialmente en América Latina, la memoria de Medellín (1968-2018) con una creciente resonancia en amplios sectores sea pastorales que académicos. Ya un año antes el Papa Francisco intervenía al respecto, afirmando:

«*es necesario estar atentos. Las realidades indispensables de la vida humana y de la Iglesia no son* ***nunca un monumento sino un patrimonio vivo****. Resulta mucho más cómodo transformarlas en recuerdos de los cuales se celebran los aniversarios: ¡50 años de Medellín, (...)!* ***En cambio, es otra cosa: custodiar y hacer fluir la riqueza de tal patrimonio*** *(...) hacia la Iglesia de nuestro continente*».[42]

Efectivamente, según sus protagonistas, Medellín se autocomprende como la aplicación colegial del Concilio, conforme al tema central y único, alrededor del cual se desarrolló la Conferencia: «*La Iglesia en la actual transformación de América Latina a la luz del Concilio*», conscientes de que la PP, una de las más importantes tomas de posición de Pablo VI en el campo social como ya hemos documentado, era considerada como la plataforma de despegue de la Constitución Pastoral '*Gaudium et Spes*', el documento conciliar de más referencia en Medellín.

Desde el interior de esta perspectiva del medio siglo de la celebración de Medellín, ha parecido oportuno retomar una reflexión acerca de esta reconocida e importante contribución de la Iglesia en América Latina en orden a su reflexión teológico-pastoral precisamente por lo referente al binomio «*Evangelización y Promoción Humana*», que la II Conferencia General del Episcopado Latinoamericano impulsaba para

«*...hacer frente a una* ***nueva evangelización*** *del continente...*». [43]

En efecto, se trata de un verdadero aporte muy significativo ofrecido en sus *Conclusiones*, referido al histórico binomio en *Pastoral de Conjunto*, 15, 10:

«*la comunidad cristiana de base (...) es pues (...)*

- *foco de la* ***evangelización,***
- *y actualmente factor primordial de* ***promoción humana*** *y desarrollo*».

---

[42] Cf FRANCISCO, *Discurso* en el encuentro con el Comité Directivo del CELAM, Nunciatura apostólica, Bogotá, jueves 7 de septiembre de 2017.

[43] Cf INSTITUTO TEOLÓGICO PASTORAL DEL CELAM, *Conmemoración. 25 años. Conferencia de Medellín 1968-1993*, Santa Fe de Bogotá, Colombia 1993, p 21.

El presente apartado, quiere ser una contribución al debate teológico-pastoral, documentando el esfuerzo que el Magisterio Episcopal Latinoamericano [44] ha realizado para orientar la misión de la Iglesia en la historia concreta del Continente.

Si no entra en la finalidad y por tanto, en el horizonte de las '*Conclusiones*' de Medellín, sin embargo es deber de la teología intentar precisar el alcance o importancia dada o reconocida a las categorías emblemáticas y sintéticas como la de «*promoción humana*» y de «*evangelización*», que consideramos se han originado en Medellín y difundido cada vez más, hasta llegar a ser asumidas en la terminología ordinaria del Magisterio.[45]

Efectivamente, es reconocida como una verdadera '*receptio*' la rápida afirmación del binomio teológico-pastoral: «***evangelización y promoción humana***» en la Iglesia Universal y su recepción dentro del magisterio sea episcopal que pontificio. Dicho binomio tuvo su consagración oficial en la Exhortación Apostólica *Evangelii Nuntindi* de San PABLO VI en 1975.[46]

La «*Populorum Progressio*»,[47] llamativamente, aparece como explícita referencia en la homilía inaugural de Medellín por parte del mismo San Pablo VI, quien, entre los «*documentos memorables que haremos bien en estudiar y en divulgar*» recomendaba a los obispos precisamente «*la más reciente de la Encíclica sociales: la «Populorum Progressio*».[48]

---

[44] Para el estudio de Medellín, sea como Acontecimiento eclesial que como Texto Magisterial, especialmente en orden a su teología, cf, por ejemplo, BONZANI Antonio, *La teología en el Magisterio Episcopal de Medellín*, Libro Anual, ITUMS, Montevideo, 1992, 170 p.

[45] Acerca del valor eclesial del pronunciamiento episcopal de la SEGUNDA CONFERENCIA GENERAL DEL EPISCOPADO LATINOAMERICANO, *La Iglesia en la actual transformación de América Latina a la luz del Concilio. Conclusiones*, cf BONZANI Antonio, *La autocomprensión de Medellín en orden a la 'figura' y al 'valor'* de su Magisterio, en DELPIAZZO Mons. Julio C., BONZANI Antonio, STURLA Daniel sdb, *Libro Anual ITUMS*, Montevideo, 1993, pp 137-149. Cf la primera edición oficial: SEGUNDA CONFERENCIA GENERAL DEL EPISCOPADO LATINOAMERICANO, *La Iglesia en la actual transformación de América Latina a la luz del Concilio*,

VOL. 1 - *Ponencias*.

VOL. II - *Conclusiones*.

Secretariado General del CELAM, Indo - American Press, Bogotá, 1968.

[46] Cf PABLO VI, *Evangelii Nuntiandi*. Exhortación Apostólica sobre la Evangelización del mundo contemporáneo, del 8 de diciembre de 1975, especialmente nn 31ss, donde se anexa la promoción humana como objeto secundario de la Evangelización. Cf Antonio BONZANI, '*Promoción Humana*' y '*Evangelización*' *en Medellín*, Soleriana, Montevideo, 3(1995) pp 5-48.

[47] Cf PABLO VI, *Homilía* con motivo de la INAUGURACIÓN DE LA II ASAMBLEA GENERAL DE LOS OBISPOS DE AMÉRICA LATINA del sábado 24 de agosto de 1968, en CONSEJO EPISCOPAL LATINOAMERICANO, *Las Cinco Conferencias Generales del Episcopado Latinoamericano*, Bogotá, Colombia, 2014, p 63-75, aquí p 71.

[48] Cf PABLO VI, *Homilía* con motivo de la INAUGURACIÓN DE LA II ASAMBLEA GENERAL DE LOS OBISPOS DE AMÉRICA LATINA del sábado 24 de agosto de 1968, en CONSEJO EPISCOPAL

En efecto, El Santo Papa, asignaba proféticamente a esta encíclica el valor de un

«*solemne llamamiento para* ***una acción concreta*** *en favor del desarrollo integral del hombre y del desarrollo solidario de la humanidad*» (PP 5), a tal punto que se reconoce que «*Ese llamamiento resuena urgente también en nuestros días mientras la pobreza se extiende y la paz se olvida diariamente en muchas partes del mundo*».[49]

Dentro de dicha «*acción concreta en favor del desarrollo integral*», parece pertinente destacar la intención pontificia de considerar la convocatoria y la celebración de **Medellín como un cambio de época para la Iglesia en América latina**, tal como lo manifiestan la expresiones vertidas inaugurando personalmente la II CONFERENCIA GENERAL DEL EPISCOPADO de Medellín,[50] relacionada con la conclusión del Primer Congreso Eucarístico Internacional pos conciliar, en Bogotá el sábado 24 agosto de 1968, cuyo lema era «***La Eucaristía vínculo de amor***».[51]

En efecto, San Pablo VI, declaraba:

«***La primera visita personal del Papa*** *a sus Hermanos y a sus Hijos en América Latina, no es en verdad un sencillo y singular hecho de crónica;* ***es****, a nuestro parecer,* ***un hecho histórico****, que se insiere en la larga, compleja y fatigosa acción evangelizadora de estos inmensos territorios y que con ello la reconoce, la ratifica, la celebra y al mismo tiempo la concluye en su primera época secular; y, por una convergencia de circunstancias proféticas,* ***se inaugura hoy con esta visita un nuevo período de la vida***

LATINOAMERICANO, *Las Cinco Conferencias Generales del Episcopado Latinoamericano*, Bogotá, Colombia, 2014, p 63-75, aquí p 71.

[49] Cf Síntesis del Boletín - Oficina de prensa de la Santa Sede, FRANCISCO, *Mensaje* a los participantes en el congreso 'Pablo VI, el Papa de la modernidad: justicia entre los pueblos y amor a Italia', del 09 de noviembre de 2017.

[50] Convocada por el Papa PABLO VI y organizada por el CELAM, la IIª Conferencia General del Episcopado Latinoamericano es inaugurada por el mismo Santo Papa Pablo VI, en la mañana del sábado 24 de agosto 1968 en la catedral de Bogotá, con la conocida homilía *Benedicamus Domino*. Cf PABLO VI, *Homilía* con motivo de la INAUGURACIÓN DE LA II ASAMBLEA GENERAL DE LOS OBISPOS DE AMÉRICA LATINA del sábado 24 de agosto de 1968. Cf AAS, LX (1968), pp 639-649: nos parece oportuna la referencia a esta homilía de apertura por la importancia que le dieran sea el mismo Pablo VI que el Episcopado Latinoamericano para la orientación de los trabajos de su Conferencia General.

[51] Cf REDACCIÓN, *Vínculo de amor. Pablo VI peregrino de la Eucaristía*, en 'L'Osservatore Romano', Edición en lengua española, del 3 de setiembre de 1968, p 1. Se trata de la *Homilía* durante la Misa de Ordenación de doscientos Presbíteros y Diáconos en la sede del Congreso Eucarístico, el jueves 22 de agosto de 1968, dentro del clima espiritual del 39º Congreso Eucarístico Internacional, celebrado en Bogotá, que, inaugurado el 18 de agosto de 1968, tuvo su culminación en los días 22-24 de agosto. Cf Antonio BONZANI, *La Teología en el Magisterio Episcopal de Medellín*, Libro Anual 1989, Instituto Teológico del Uruguay 'Mariano SOLER', Montevideo, 1992, tomo I, p 52, nota 49, y p 166, nota 372.

eclesiástica**. Procuremos adquirir conciencia exacta de **este feliz momento, que parece ser por divina providencia conclusivo y decisivo».[52]

Queda así, con esta introducción de la Homilía, autorizadamente bien situado el evento eclesial de **Medellín en su alcance histórico-teológico y pastoral.**

En todo caso, nos parece determinante recordar que el camino recorrido por la Iglesia y su episcopado en América Latina hasta llegar a Medellín, manifestaba progresivamente una comprometida actitud de «*presencia activa*» de la misma Iglesia en los pueblos latinoamericanos, que sufrían por **la angustiante situación de subdesarrollo**.

Dicha realidad, se traduce en una percepción cada vez más global y sentida, en una expresión de denuncia de las condiciones de vida inhumanas de los hombres y de los pueblos y en una proclamación, cada vez más radical, de las exigencias de justicia y caridad cristiana frente a dicha situación.[53]

En el trasfondo de tales consideraciones se nota la referencia, si no la 'dependencia', de Medellín de la '*Populorum progressio*', en particular de su exigente compromiso teológico-moral del 'desarrollo': [54]

«*Si 'el desarrollo es el nuevo nombre de la paz'* (PP 87), *el subdesarrollo americano, con características propias de los diversos países, es una injusta situación promotora de tensiones que conspiran contra la paz*».[55]

El hecho de que la manifestación de dicha «*presencia activa*» haya sido múltiple y coincidente, y de que la misma haya tenido su principal continuidad en la reflexión de toda la Iglesia latinoamericana a través del CELAM, su organismo continental, hace que Medellín sea considerado una secuencia normal de la evolución del pensamiento

---

[52] CONSEJO EPISCOPAL LATINOAMERICANO, *Las Cinco Conferencias Generales del Episcopado Latinoamericano*, Bogotá, Colombia, 2014, p 63-75, aquí p 63. Notamos que cuando Cardenal de Milán, Juan Bautista MONTINI había realizado en 1960 un viaje a Río de Janeiro recorriendo a pié una de sus *favelas* acompañado por el entonces auxiliar de Río Mons. Helder CÁMARA, luego histórico Arzobispo de Olinda-Recife.

[53] El estímulo a dicha 'presencia activa' había sido una autorizada y reiterada motivación ofrecida por el Papa Juan XXIII. Cf AAS LIV (1962) 28-31, *Ad Dilectos Americae Latinae Populos*.

[54] La referencias explicitas a la PP son unas 27, pero hay referencias que abarcan hasta 6 números de la misma, por ejemplo, CONSEJO EPISCOPAL LATINOAMERICANO, *Las Cinco Conferencias Generales del Episcopado Latinoamericano*, Bogotá, Colombia, 2014, la nota 46, p 99 del documento *Paz*, 9.

[55] Cf CONSEJO EPISCOPAL LATINOAMERICANO, *Las Cinco Conferencias Generales del Episcopado Latinoamericano*, Bogotá, Colombia, 2014, *Paz*, 1, p 97; cf también PP nn 30. 49.

y de la «*acción de la Iglesia en su servicio a los hombres y a los pueblos de América Latina*».[56]

Sin embargo es preciso reconocer, considerando más atentamente dicho evento eclesial, que el mismo constituye algo 'nuevo', inédito; en efecto se hablará propiamente de «*espíritu nuevo*»,[57] introducido en la Iglesia Latinoamericana. A este respecto parece oportuno lo afirmado por el Secretario mismo de la II Conferencia General del Episcopado Latinoamericano:

«*más que una serie de conclusiones - desiguales en su terminación y perfeccionamiento - **Medellín constituye una visible manifestación del Espíritu***», por lo tanto «*una simple lectura de los documentos de Medellín no basta para penetrar en 'lo que el Espíritu dice a las Iglesias' (Ap 2, 17)*».[58]

Sin embargo, lamentablemente, se debía reconocer, luego de algunos años, que Medellín no había sido plenamente comprendido y, por lo tanto, tampoco aplicado.[59]

En la perspectiva de una interpretación y de una fidelidad al **evento** y a los **documentos** de Medellín, el Card. PIRONIO recordaba que ser fieles a Medellín significa no detenerse en una interpretación incompleta o literal de sus escritos, aún reconociendo que hay cosas que precisan una revisión, una profundización y una relectura en un contexto dinámicamente nuevo, sino que significa sobre todo situarlo en el preciso contexto histórico latinoamericano y comprenderlo **partiendo de una perspectiva de fe** para no reducirlo a un hecho simplemente sociológico o a un evento puramente histórico.[60]

---

[56] Cf LOPEZ Liborio, *Medellín nueva imagen de la Iglesia Latinoamericana*, Instituto Católico de París - Instituto de Estudios Sociales, París, 1973, 510 pp (pro-manuscrito).

[57] Cf PIRONIO Card. Eduardo, *Como leggere Medellín,* Medellín documenti della Seconda Conferenza dell'Episcopato Latinoamericano, EMI, Bologna, 1977, pp 11-17: «*fundamentalmente (con Medellín) se ha tenido **un espíritu nuevo**. El soplo de Pentecostés penetró en la totalidad de los miembros de la Iglesia llamando a la renovación y a la urgencia del trabajo (...). **De Medellín** salió **una Iglesia** (...) profundamente enmarcada, preocupada por el hombre, pero **fundamentalmente centrada en Cristo***», p 12-13.

[58] Cf IBIDEM, p 11.

[59] Cf PIRONIO Eduardo, *op. cit.* p 12. El mismo Santo Papa JUAN PABLO II, inaugurando la III Conferencia General del Episcopado Latinoamericano en Puebla, afirmaba: «*Esta III Conferencia (...) Deberá, pues, tomar como punto de partida **las conclusiones de Medellín** con todo lo que tienen de positivo, pero **sin ignorar las incorrectas interpretaciones** a veces hechas y que exigen sereno discernimiento, oportuna crítica y claras tomas de posición*». Cf IDEM, *Discurso Inaugural*, Seminario de Puebla, 28 de enero de 1979, en CONSEJO EPISCOPAL LATINOAMERICANO, *Las Cinco Conferencias Generales del Episcopado Latinoamericano*, Bogotá, Colombia, 2014, p 219s.

[60] Cf PIRONIO Eduardo, *op. cit.* p 14-15. Esta idea se coloca en la fundamental actitud hermenéutica estimulada y sostenida por la presidencia del CELAM, ya en la 'Presentación' de las famosas '*Ponencias*' realizadas en la asamblea episcopal cuando se lee: «*La Segunda Conferencia General del Episcopado Latinoamericano ha sido esencialmente un acontecimiento salvífico (...). Por lo mismo ha sido **un acontecimiento eminentemente religioso y evangélico, en la dimensión total de la salvación**. La Iglesia de*

Prescindiendo de las profundizaciones teológicas, y procediendo desde un plano - se diría - descriptivo, Medellín primero puntualiza el ámbito, precisamente «*el área*» (cf Introducción, n 8) «*de la promoción del hombre y de los pueblos*», sintéticamente presentada como «*Promoción humana*»,[61] preferentemente en los términos notorios de «*desarrollo*» y de «*liberación*», y después puntualiza aquella de una «*adaptada evangelización y maduración en la fe de los pueblos*» (MC Introducción, n 8).[62]

Sintéticamente podemos decir que **el magisterio episcopal de Medellín,** si bien **relaciona claramente 'promoción humana' y 'evangelización' no entra a** profundizar ni a precisar teológicamente sus relaciones, más allá de la reafirmada correlación, susceptible de interpretaciones polivalentes, o sea en términos de (unión) de la promoción humana a la evangelización (cf por ejemplo, *Pastoral de Elites*, 13) o de la evangelización a la promoción humana (cf por ejemplo, *Liturgia*, 5 y la misma sucesión de las áreas) y se afirma que:

«***Esta evangelización*** *debe estar en relación con* ***los 'signos de los tiempos'****. No puede ser atemporal ni ahistórica. En efecto los 'signos de los tiempos',*[63] *que en nuestro continente se expresan* ***sobre todo en el orden social, constituyen un 'lugar teológico' e interpelaciones de Dios***» (*Pastoral de Elites*, 13).

En esta perspectiva ya la Instrucción *Libertatis Nuntius* reconocía que:

América Latina se ha congregado ***en el Espíritu del Señor Jesús****, en íntima comunión fraterna,* ***para analizar a fondo la realidad latinoamericana a la luz del Evangelio*** *(...). Nos interesaba escuchar al hombre latinoamericano, asumir plenamente sus angustias y esperanzas para* ***responderle desde Dios y ofrecerle la salvación integral en Cristo Jesús*** *(...). Partiendo de la situación concreta en que viven los hombres y los pueblos del continente, la Iglesia de América Latina se ha preguntado con sinceridad ante Dios (...)* ***cómo puede hacerles llegar la salvación integral que ha traído al mundo Cristo, el Señor****. (...) el tema central y único ha sido «la Iglesia en la actual transformación de América Latina a la luz del Concilio Vaticano II» (...)* (en el sentido de que) «*A la luz del Evangelio, del Concilio Vaticano II y del pensamiento Pontificio, descubre e interpreta 'los signos de los tiempos' en América Latina.* ***Asume su misión salvadora en orden a la promoción humana integral***». Cf II CONFERENCIA GENERAL DEL EPISCOPADO LATINOAMERICANO, *Presentación*, en *Medellín, Ponencias*, Bogotá, 1968, pp 9-12.

[61] Cf CONSEJO EPISCOPAL LATINOAMERICANO, *Las Cinco Conferencias Generales del Episcopado Latinoamericano*, Bogotá, Colombia, 2014, p 87.

En MC las recurrencias terminológicas son:

«***Promoción humana***»: 1, 4.23 (2 veces); 4,10; 7,9.19; 9,5; 10, 6.9; 11, 18; 12, 19; 13, 11; 14, 11; 15, 10; 16, 4.24.

[62] Cf CONSEJO EPISCOPAL LATINOAMERICANO, *Las Cinco Conferencias Generales del Episcopado Latinoamericano*, Bogotá, Colombia, 2014, p 86.

[63] Consideramos importante recordar que el Santo Pontífice se preocupará de definir claramente la pertinencia del recurso a la categoría teológica de los 'signos de los tiempos', que no son revelación, sino que hay que interpretar a la luz de la Divina Revelación cf PABLO VI, *Escrutar los signos de los tiempos: una misión ineludible del hombre de hoy*, Catequesis del 16 de abril de 1969, en OR es del Martes 29 de abril de 1969, p 4.

«*La poderosa y casi irresistible aspiración de los pueblos a una liberación constituye* ***uno de los principales signos de los tiempos*** *que la Iglesia debe discernir e interpretar a la luz del Evangelio (GS 4)*» y continuaba: «*Este* ***importante fenómeno de nuestra época*** *tiene una amplitud universal, pero se manifiesta bajo formas y grados diferentes según los pueblos. Es una aspiración que se expresa con fuerza, sobre todo en los pueblos que conocen el peso de la miseria y en el seno de los estratos sociales desheredados*» con refencia explícita a la II Conferencia General del Episcopado latinoamericano de Medellín. [64]

La misma Instrucción *lo considera* un signo de los tiempos no solo para interpretar, sino ya interpretado por la Iglesia en América Latina, es individualizado en la «*populorum cupiditas alicuius libertationis*», con referencia explícita a Medellín, afirmando:

«V. 7: *Numerosos son los Episcopados que, de acuerdo con la Santa Sede, han recordado también la urgencia y los caminos de* ***una auténtica liberación cristiana****. En este contexto, conviene hacer* ***una mención especial*** *de los documentos de las Conferencias Generales del Episcopado latinoamericano en Medellín en 1968 (...) Pablo VI estuvo presente en la apertura de Medellín*».[65]

2.2) La posible 'figura' y el 'valor' del Magisterio de Medellín. [66]

Aún si se reconoce que Medellín no constituye una norma definitiva, sigue permaneciendo como una toma de posición doctrinal-pastoral, que «*manifiesta un modo histórico y concreto*» que tiene Dios de «*hablarnos en su Iglesia y comprometernos*».[67]

Desde el punto de vista teológico - eclesial la asamblea episcopal continental de Medellín es reconocida como una expresión del espíritu de colegialidad de los obispos latinoamericanos ejercida bajo la presidencia del Papa, en esta perspectiva, se afirma:

«*A nivel continental,* ***el espíritu de colegialidad de los obispos*** *latinoamericanos en la solución de problemas comunes se expresa en la Conferencia General del Episcopado*

---

[64] Cf CONGREGACIÓN PARA LA DOCTRINA DE LA FE, *Libertatis Nuntius*, Instrucción del 6 de agosto de 1984, n 1, también Cf IBIDEM, V. n 7.

[65] Cf «*Decet hac in re nominatim documenta* ***indicare*** *Conferentiarum Generalium Episcopatus Latino-Americani de* ***Medellín*** *anno MCMLXVIII (...) Ineunte congressu Medellinensi adstabat Paulus VI...*» (n 7)

[66] Cf Antonio BONZANI, *L'autocomprensione di Medellín in ordine alla 'figura' e al 'valore' del suo Magistero*, en Intituto Teológico del Uruguay, Libro Anual, Montevideo, 1993, pp 137-149.

[67] Cf PIRONIO Eduardo, *op. cit.* p 15.

Latinoamericano, y el Consejo Episcopal latinoamericano, si bien de diversas maneras» (*Pastoral de Conjunto*, 15, 29).
En efecto, es clara la conciencia de que la participación *«como obispos de América Latina, en las esperanzas y preocupaciones de nuestros pueblos (...) por la presente situación económica, social, cultural, política y religiosa...»*. [68]

En esta perspectiva, es importante recordar que las *Conclusiones* de Medellín en cuanto pronunciamiento episcopal colegial participa del Magisterio Eclesiástico, precisamente en el ejercicio de la 'figura' de

«las relaciones entre las Conferencia Episcopales de diversas naciones para impulsar y asegurar un mayor bien» (CD 38,5),[69]

Sabemos que hoy en día la documentación oficial asigna a las *Conferencias Episcopales* ***tareas exclusivamente pastorales*** *y funciones no sustitutivas, sino subsidiarias con respecto a los obispos Ordinarios Diocesanos, que* **son verdaderos pastores, '*jure divino*' de sus Iglesias** *y, en ellas, Vicarios de Cristo.* [70]

---

[68] Cf LANZADURI Card. Juan: «*Los obispos de América Latina reunidos en esta coyuntura - nuestra segunda Conferencia General - expresando la colegialidad episcopal, presididos por Vuestra Santidad, de las esperanzas y las preocupaciones de nuestros pueblos*». Cf IDEM, *Discurso Inaugural*, en SEGUNDA CONFERENCIA GENERAL DEL EPISCOPADO LATINOAMERICANO, *La Iglesia en la actual transformación de América latina a la luz del Concilio*, I *Ponencias*, CELAM, Bogotá, 1968, p 17-21, aquí p 18.

[69] Cf Decreto *Christus Dominus*: «8. *1) La Conferencia episcopal es como una asamblea en la que los Obispos de un País o de un territorio* ***ejercen unidos su función pastoral*** *('munus suum pastorale* ***coniuctim*** *exercent') para promover el mayor bien que la Iglesia proporciona a los hombres, sobre todo por medio de las formas y modos del apostolado, convenientemente acomodados a las peculiares circunstancias de la época. (...)*

4) ***Las decisiones de la Conferencia episcopal****, si se han tomado legítimamente y al menos por dos tercios de los votos de los Obispos que pertenecen a la conferencia con voto deliberativo y si han sido revisadas ('recognitae') por la Sede Apostólica,* ***obligan jurídicamente sólo*** *en estos casos: cuando lo prescribe el derecho común o cuando lo determine un mandato especial de la Sede Apostólica, dado por propia iniciativa o a petición de la propia Conferencia.*

5) Donde las circunstancias especiales lo exijan, los obispos de varias naciones, con la aprobación de la Sede Apostólica, podrán formar una única Conferencia.
Además hay que fomentar ***las relaciones entre las Conferencias episcopales de diversas naciones para impulsar y asegurar un mayor bien***».

[70] Más recientemente se procede a legislar en orden al valor no sólo de los **pronunciamientos** 'pastorales' sino **'dogmáticos-doctrinales** de la Conferencias de los Obispos, cf San JUAN PABLO II, *Apostolos Suos*. Carta Apostólica en forma de «*Motu Proprio*». Sobre la naturaleza teológica y jurídica de las Conferencias de los obispos, del 21 de mayo de 1998: IV.

«*Art. 1.- Para que* ***las declaraciones doctrinales de la Conferencia de los Obispos*** *a las que se refiere el n 22 de la presente Carta constituyan un magisterio auténtico y puedan ser publicadas en nombre de la Conferencia misma,* ***es necesario que sean aprobadas por la unanimidad de los miembros Obispos*** *o que, aprobadas en la reunión plenaria al menos por dos tercios de los Prelados que pertenecen a la Conferencia con voto deliberativo, obtenga la revisión ('recognitio') de la Sede Apostólica.*

Por consiguiente, **Medellín** sea como «*texto magisterial*», que como «***evento eclesial***» pertenece a la praxis eclesial difundida y creciente, por la cual los obispos de un gran conjunto GEO - político ejercen «*coniunctim - conjuntamente*» algunas de sus responsabilidades apostólicas y pastorales en la solución de problemas comunes (Cf CD, 38 y CJC, 447); aún sabiendo que dicha atribución del calificativo 'colegial' es teológicamente impropio y **vale sólo en sentido analógico**, es reconocida explícitamente **no solo la utilidad, sino la necesidad pastoral** de dichas Conferencias Generales, aunque teológicamente no pertenezcan a la estructura misma de la Iglesia recibida de Cristo, siendo propiamente «*de iure eclesiástico*».[71]

Por tanto su Magisterio viene comprendido no sólo 'dentro' de la Iglesia en América Latina, sino 'dentro' en su 'misión pastoral'. En efecto, globalmente consideradas las *Conclusiones* de Medellín son presentadas por los Obispos, y por ende consideradas, como «*nuestras Palabras de Pastores*».[72]

Su Magisterio es así relacionado a su responsabilidad de '*Pastores*', o como ellos mismos se expresan «*a nuestra misión de padres y pastores*» (*Pobreza de la Iglesia*, 14,12).[73]

Art. 2.- Ningún organismo de la Conferencia Episcopal, exceptuada la reunión plenaria, tiene el poder de realizar actos de magisterio auténtico. La Conferencia Episcopal no puede conceder tal poder a las Comisiones o a otros organismos constituidos dentro de ella».

[71] Cf Antonio BONZANI, *L'autocomprensione di Medellín in ordine alla 'figura' e al 'valore' del suo Magistero*, en Intituto Teológico del Uruguay, Libro Anual, Montevideo, 1993, pp 137-149.

[72] Cf *Mensaje a los Pueblos de América Latina*, en CONSEJO EPISCOPAL LATINOAMERICANO, *Las Cinco Conferencias Generales del Episcopado Latinoamericano*, Bogotá, Colombia, 2014, pp 75- 81, aquí p 75. Es interesante destacar que en las ***Conclusiones*** los obispos nunca se definen como 'Maestros' sino siempre como 'Pastores'. Por ejemplo: «*como Pastores, con una responsabilidad común*» (Cf *Mensaje a los Pueblos de América Latina*, en CONSEJO EPISCOPAL LATINOAMERICANO, *Las Cinco Conferencias Generales del Episcopado*, Bogotá, Colombia, 2014, pp 75- 81, aquí p 76); «*nuestra misión pastoral*» (*Justicia*, 1, 6); «*grave deber pastoral*» (*Paz*, 2, 15); «*a nosotros pastores de la Iglesia corresponde educar las conciencias...*» (Paz, 2, 20); «*como pastores*» (Paz, 2, 16) (que se dirigen) «*a todos los miembros del pueblo cristiano*»; «*nuestro deber pastoral*» (*Familia y demografía*, 3,3); «*como pastores*» (*Familia y demografía*, 3, 9); «*pastores*», también cuando reafirman «*la enseñanza del magisterio en la Encíclica*» (*Familia y demografía* 3, 11 a), precisamente las directivas del magisterio pontificio acerca de la moral conyugal (*Familia y demografía*, 3,11c); «(los jóvenes) *esperan de los Pastores no solo que difundan principios doctrinales sino que lo corroboren con actitudes y realizaciones concretas*» (*Jóvenes*, 5, 5). Emerge así como las recurrencias motivadas con la referencia a su responsabilidad pastoral *son más difundidas en el área de la promoción humana,* justamente la más nueva y por tanto la más insistentemente motivada *en la precisa responsabilidad pastoral.* Volvemos a encontrar la referencia a su compromiso de Pastores: «*Pastores no siempre capaces*» (*Movimientos de Laicos*, 10, 9); «*Padres y Pastores*» (*Pobreza de la Iglesia*, 14, 12); «*nuestra misión pastoral*» (*Pobreza de la Iglesia,* 14, 14); «*Pastores que...*» (en referencia al «*deber de predicar*» (*Medios de comunicación social*, 16, 9); «*Obispos como servidores de la palabra y educadores* (junto a sacerdotes, religiosos, etc; (*Medios de comunicación social,* 16, 16); «*nuestra acción*» (que incluye la «*promoción humana*») (*Pobreza de la Iglesia*, 14, 11) dentro de la pastoral de toda la Iglesia «*exigida por la misión de la Iglesia en su aspecto global*» (*Pastoral de Conjunto*, 15, 9).

[73] Dicha autocomprensión 'pastoral' de su magisterio no atenúa la vigilancia crítica del '*munus docendi*', realizado en la situación eclesial concreta. Los Obispos en efecto, denuncian entre algunos miembros del

La autocomprensión episcopal en Medellín trata explícitamente de reubicar el accionar de la Iglesia en relación con el redescubrimiento del propio 'ser' a la vez '*misterio y sujeto histórico*',[74] coherentemente con la proclamada autoconciencia que:

«*La Iglesia, como parte del ser latinoamericano, a pesar de sus limitaciones, ha vivido con nuestros pueblos el proceso de colonización, liberación y organización...*»,[75]

y por tanto se declara

«*nuestra reflexión se encaminó hacia la búsqueda de* ***una nueva y más intensa presencia de la Iglesia*** *en la actual transformación de América Latina, a la luz del Concilio Vaticano II, de acuerdo al tema señalado para esta conferencia*».[76]

Coherentemente con ello el Episcopado Latinoamericano indica **la elección de tres grandes áreas de acción pastoral**, en relación con el proceso de transformación del continente latinoamericano.

- En primer lugar la Conferencia General de los obispos afrontó «*el área de la promoción del hombre y de los pueblos hacia los valores de la justicia y de la paz, la educación y la familia*».[77]

- En segundo lugar «*de una adaptada evangelización y maduración en la fe de los pueblos y sus elites, a través de la catequesis y la liturgia*». [78]

- En tercer lugar «*se abordaron los problemas relativos a los miembros de la Iglesia, que requieren intensificar su unidad y acción pastoral a través de estructuras visibles, también adaptadas a las nuevas condiciones del continente*».[79]

Pueblo de Dios en América Latina: «*un peligroso ofuscamiento del valor del magisterio papal y episcopal, que puede conllevar no solo una falta de obediencia, sino de fe*» (*Sacerdotes*, 11, 8).

[74] Cf sobre estos puntos el interesante documento de la COMISIÓN TEOLÓGICA INTERNACIONAL, *Temas selectos de eclesiología (1984)*, en IDEM, *Documentos (1966-1996)*, BAC, Madrid, 1998, pp 327-375 aquí p 337s: «*La Iglesia, a la vez, 'misterio' y 'sujeto histórico'*».

[75] Cf *Mensaje a los Pueblos de América Latina*, en CONSEJO EPISCOPAL LATINOAMERICANO, *Las Cinco Conferencias Generales del Episcopado Latinoamericano*, Bogotá, Colombia, 2014, pp 75- 81, aquí p 77.

[76] Cf *Introducción*, en CONSEJO EPISCOPAL LATINOAMERICANO, *Las Cinco Conferencias Generales del Episcopado Latinoamericano*, Bogotá, Colombia, 2014, pp 84- 86, aquí p 86.

[77] Cf IBIDEM.

[78] Cf IBIDEM.

[79] Cf IBIDEM.

La división de las «*áreas*» venía ya del encuentro realizado en Bogotá, perfilada entonces globalmente, al definirse los sectores de la reflexión y de la consiguiente programación pastoral.[80]

La distinción de las mismas, sucesivamente precisadas por el conocido «*Documento de Trabajo*», que las organizaba previendo el trabajo en comisiones y subcomisiones, se revelaba intencionalmente 'práctica' y orientada a la preferencialidad pastoral, repetida por el reglamento de Medellín .[81]

Dicha constatación será reforzada por la aproximación crítica a los textos de los distintos documentos que, luego de la deliberación de la Asamblea episcopal, ratificada por votación, quedaron estructurados según la originaria composición aprobada por la Asamblea. [82] Ciertamente la presentación de un documento único podía ofrecer una

---

[80] En el encuentro de Bogotá, entre 19 y el 26 de enero de 1968 luego de los informes presentados por los expertos invitados, entre los cuales POBLETE Renato y GUTIERREZ Gustavo, y la posterior discusión, se comenzaron a delinear las áreas Pastorales, con una propuesta de estructuración. En ese entonces eran: 1. la 'Promoción humana', que trabajó bajo la presidencia de los obispos PADIN y METZINGER; 2. 'Adhesión y Crecimiento en la Fe', presidida por los obispos QUARRACINO y VALENCIA; 3. 'Celebración del Misterio de la Liturgia', presidida por Mons. MENDOZA Julián, obispo de Buga; 4. 'Unidad Visible y Coordinación Eclesial', dirigida por Mons. PROANO. Sobre esto cf PARADA Hernán, *Crónica de Medellín, op. cit*, pp 46ss.

[81] Cf II CONFERENCIA GENERAL DEL EPISCOPADO LATINOAMERICANO, *Documento de Trabajo*, Medellín - Colombia, agosto 26 - setiembre 7 de 1968, p. 27: Esquema de las comisiones pastorales: 1 - Promoción humana; II - Evangelización y Crecimiento en la Fe; III - Iglesia visible y sus estructuras, que sin embargo no presenta todavía todas las subcomisiones que operarán en Medellín.

[82] Martes 3 de setiembre de 1968, durante la primera sesión de trabajo de la mañana, luego de las observaciones realizadas por Mons. PIRONIO, secretario general de la Conferencia, sobre la mecánica de trabajo y, en particular, en relación a la elaboración del documento final, que se preveía a cargo de una Comisión central de redacción (según el reglamento), se presenta una nueva opción: el documento final debía consistir en la yuxtaposición de los distintos documentos preparados por las diferentes comisiones y subcomisiones, El plenario aprobó entonces la moción de Mons. Vicente SCHERER, para que las comisiones expresaran su punto de vista al respecto y luego los respectivos Presidentes junto con la Presidencia de la Conferencia lo examinaran. Al final de la mañana se realizó la reunión de los Presidentes de las Comisiones Pastorales, con la Presidencia para decidir la fórmula de la redacción final del documento. A favor, con doce votos votaron: Justicia - Eugenio ARAUJO; Paz - Carlos PARTELI; Familia y Demografía - Juan Francisco FREZNO; Educación - Card. Agnello ROSSI; Juventud - Ramón BOGARIN; Pastoral de Masas - Luis E. HENRIQUEZ; Pastoral de elites - Mons. Marcos Mac GRATH; Catequesis - Hugo POLANCO; Sacerdotes - Juan Carlos ARAMBURU; Religiosos - Clemente MAURER; Pobreza de la Iglesia - Ricardo DURAN; Colegialidad - Pablo MUÑOZ VEGA; Votaron en contra cuatro: Liturgia - Tulio BOTERO SALAZAR; Movimientos de Seglares - José A. DAMMERT; Formación del Clero - Miguel DARÍO MIRANDA; Medios de comunicación social - Femando GOMEZ DO SANTOS; se resolvió que **el documento final estuviera compuesto por la sucesión de los documentos** de cada comisión o subcomisión separadamente presentados al plenario para su aprobación definitiva. El mismo grupo de Presidentes de Comisiones, en coordinación con la secretaría general, fijó **los criterios generales** para las comisiones en cuanto a la redacción: brevedad, sin sacrificar lo esencial y la claridad expositiva; **triple consideración**: la de la realidad, o de la situación, de la justificación teológica, de las orientaciones pastorales que debían reducirse a lo esencial e inmediatamente urgente. Se trata del **método «*ver-juzgar-actuar*» de la JOC** (Juventud obrera católica) y asumido y propuesto por San JUAN XXIII, *Mater et Magistra* del 15 de mayo de 1961, **cf n 41**, en AAS, LIII (1961) pp 401-464; sintetizado en

base doctrinal más armónica e integrada,[83] y tal vez más completa. Aquí las tres áreas respectivas:

- la de la «*promoción humana*», que es reconocida como la más elaborada;
- la de la «*evangelización y crecimiento de la fe*» y
- la dedicada a la «*Iglesia visible y sus estructuras*».[84]

Como se puede observar, dicha estructuración parece responder a lo que declaraba el Card. LANDAZURI en la apertura de la Conferencia:

«*A la luz del Vaticano II queremos ver si hemos puesto en práctica* ***su idea central****, hondamente cristiana, del* ***servicio****, y queremos comprender hasta dónde ha de llevarnos este servicio al hombre*».[85]

---

tres verbos: «*aspicere - iudicare - agere* (ver-juzgar-actuar)»: cf SEGUNDA CONFERENCIA GENERAL DEL EPISCOPADO LATINOAMERICANO, *Actas*, Medellín, Colombia, agosto-setiembre 1968, pp 13-18.

[83] Cf *Mensaje a los Pueblos de América Latina*, en CONSEJO EPISCOPAL LATINOAMERICANO, *Las Cinco Conferencias Generales del Episcopado Latinoamericano*, Bogotá, Colombia, 2014, pp 75- 81, aquí p 79. Resulta notorio que las '*Conclusiones*' de los Obispos vienen denominadas también como '*Documento Final*'. «*El Documento final*, que constituye el verdadero resultado de la ll Conferencia General del Episcopado Latinoamericano, se presenta estructurado en **dos partes**:

- **la primera** constituida por la «*Introducción a las Conclusiones*», (Cf CONSEJO EPISCOPAL LATINOAMERICANO, *Las Cinco Conferencias Generales del Episcopado Latinoamericano*, Bogotá, Colombia, 2014, pp 83-86) destinada a ofrecer una primera clave de lectura a lo que sigue;

- la segunda constituida por los 16 textos (Cf CONSEJO EPISCOPAL LATINOAMERICANO, *Las Cinco Conferencias Generales del Episcopado Latinoamericano*, Bogotá, Colombia, 2014, pp 87 - 210) (tal vez por analogía con los **16 textos** conciliares del Vaticano II) redactados según un criterio uniforme: descripción de los hechos - interpretación 'teológica'- orientaciones pastorales. Se repite la misma estructura del 'Documento básico preliminar' y del 'Documento de Trabajo'. Los temas corresponden a las 16 'Comisiones' y 'Subcomisiones' de la Asamblea de Medellín.

Suponiendo que el Papa no habría autorizado la inmediata publicación del '*Documento final*', el Episcopado Latinoamericano preparaba un '*Mensaje a los pueblos de América Latina*', destinado sobre todo a evitar la impresión de que la Conferencia terminara en el vacío; se le reconoce al mismo el valor de un adecuado prólogo al '*Documento final*' de Medellín. El '*Mensaje*' es aprobado por la Asamblea el 6 de setiembre de 1968, cf *Actas* p 23; por la '*Introducción*', cf *Actas* p 22.

[84] **- El área de la 'promoción humana'** se compone de **5 documentos**: 1. Justicia, pp 87-97; 2. Paz, pp 97-107; 3. Familia y Demografía, pp 107-115; 4. Educación, pp 115-124; 5. Juventud, pp 125-131.

- El área de la 'Evangelización y crecimiento de la fe' se compone de **4 documentos**: 6. Pastoral popular, pp 132-137; 7. Pastoral de elites, pp 137-143; 8. Catequesis, pp 143-149; 9. Liturgia, pp 149-155.

- El área **'Iglesia visible y sus estructuras'** se compone de **7 documentos**: 10. Movimientos de laicos, pp 156-161; 11. Sacerdotes, pp 161-171; 12. Religiosos, pp 172-180; 13. Formación del clero, pp 180-189; 14. Pobreza de la Iglesia, pp 189-195; 15. Pastoral de conjunto, pp 195-205; 16. Medios de comunicación social, pp 205-210.

[85] Cf Card. Juan LANDAZURI, *Discurso Inaugural*, en SEGUNDA CONFERENCIA GENERAL DEL EPISCOPADO LATINOAMERICANO, *La Iglesia en la actual transformación de América latina a la luz del Concilio*, I *Ponencias*, CELAM, Bogotá, 1968, p 17-21, aquí p 20. El mismo PABLO VI en su discurso del 7 de diciembre de 1965 en víspera de la finalización del Concilio afirmaba que: «*la Iglesia se ha considerado la*

Desde el punto de vista teológico se expresa « *que la transformación, el progreso y el desarrollo en América Latina (...) nuestro propósito en nombre del Señor lo hará plenamente humano, por estar instaurado en Cristo Jesús*».[86]

El '*Mensaje a los Pueblos de América Latina*' volverá sobre estos conceptos.[87]

2.3) El Magisterio del San PABLO VI inaugurando Medellín.

Convocada por Roma, organizada por el CELAM, la Conferencia General es inaugurada por el Papa, en la mañana del sábado 24 de agosto de 1968 en la catedral de Bogotá, con la conocida homilía «*Benedicamus Domino*».[88]

---

servidora de la humanidad (...). En el Concilio (...) la idea de servicio ha ocupado un puesto central». Cf CONCILIO ECUMENICO VATICANO II, *Constituciones, Decretos, Declaraciones*, BAC, Madrid, 1968, p 1112. Cf, textualmente: «*Ecclesia quodammodo se professa est humani generis ancillam...*», en AAS 68 (1966) p 57.

[86] Cf Card. Juan LANDAZURI, *Discurso Inaugural*, en SEGUNDA CONFERENCIA GENERAL DEL EPISCOPADO LATINOAMERICANO, *La Iglesia en la actual transformación de América latina a la luz del Concilio*, I *Ponencias*, CELAM, Bogotá, 1968, p 17-21, aquí p 21; aparecen muchas expresiones bastante comprometidas: p 19: «*tenemos que* ***acercarnos aún más al hombre; al inclinarnos hacia él y hacia la tierra,*** *no hacemos otra cosa sino penetrar en el reino de Dios*»; «*En América Latina la salvación que es la realización del Reino de Dios, abarca la liberación de todo el hombre*»; «*El Reino de Dios no habrá su madurez allí donde no haya desarrollo integral*».

[87] Cf *Mensaje a los Pueblos de América Latina, en* CONSEJO EPISCOPAL LATINOAMERICANO, *Las Cinco Conferencias Generales del Episcopado Latinoamericano*, Bogotá, Colombia, 2014, pp 75-81. Cf para los miembros de **la comisión para la preparación del '*Mensaje a los pueblos de América Latina*'**, MEDELLÍN, *Informativo n* 3, p 3: Presidente: Mons. Avelar BRANDAO VILELA, Arzobispo de Teresina, Presidente del CELAM y Co-Presidente de la II Conferencia General del Episcopado Latinoamericano.

Miembros:

Mons. Luis CHAVEZ Y GONZALEZ, Arzobispo de San Salvador.

Mons. Pablo MUÑOZ VEGA, Arzobispo de Quito y Primer Vice-Presidente del CELAM.

Mons. Carlos PARTELI, Arzobispo tit. de Torre de Mauritania, c.d.s. de Montevideo.

Mons. Ernesto CORRIPIO AHUMADA, Arzobispo de Antequera.

Mons. José Manuel SANTOS ASCARZA, Obispo de Valdivia.

Mons. Vicente Faustino ZASPE, Obispo de Rafaela.

Mons. Marcos G. Mac GRATH, Obispo de Santiago de Veraguas.

Mons. Aloisio LORSCHEIDER, Obispo de Santo Angelo.

Mons. Fernando AZCARATE, Obispo Auxiliar de La Habana.

[88] Cf AAS, LX (1968), pp. 639-649: nos parece oportuna la referencia a este discurso de apertura por la importancia que le dieran Pablo VI y el Episcopado Latinoamericano para la orientación de los trabajos de la Conferencia (cf MP 11) y, en consecuencia, como pertinente 'contextualización' del estudio de Medellín.

La introducción del pronunciamiento pontificio quiere explícitamente situar el evento eclesial en su alcance histórico-teológico y pastoral. Desde dicho punto de vista histórico **el Papa subraya**:

«*la primera visita personal del Papa a sus Hermanos y a sus hijos en América Latina* ***es,*** *a nuestro parecer,* ***un hecho histórico****, que se inserta en la larga, compleja y fatigosa acción evangelizadora de estos inmensos territorios y que con ello la reconoce, la ratifica, la celebra y al mismo tiempo la concluye en su primer época secular; y, por* ***una convergencia de circunstancias proféticas,*** *se inaugura hoy con esta visita* ***un nuevo período de la vida eclesiástica****. Procuremos adquirir conciencia exacta de este feliz* ***momento****, que parece ser por divina providencia,* ***conclusivo y decisivo***».[89]

El Magisterio vertido por del Santo Papa PABLO VI en su '***Peregrinación***',[90] impulsa a toda la Iglesia en América latina por los caminos de la historia para que, como y por María, pueda actuar eficazmente como «*Ancilla Hominis*» desde su ser «*Ancilla Domini*», solícita de ser toda al servicio de Cristo y toda al servicio del hombre.[91]

En orden a esta constitutiva misión de "diakonia" que mana de la Eucaristía «*Vínculo de Amor*», el mismo Papa recuerda a la Iglesia:

«*(El Congreso Eucarístico) nos recuerda* ***la aproximación entre el Misterio Eucarístico y la realidad de la indigencia humana*** *(...) El deber de dar expresión concreta a la fe también en el terreno humano y temporal; el deber de* ***infundir nuevas capacidades operativas a la caridad eucarística****, tratando de reproducir, dentro de lo posible, el prodigio del pan hecho suficiente y honrado para todo el hambre de la*

---

[89] Cf CONSEJO EPISCOPAL LATINOAMERICANO, *Las Cinco Conferencias Generales del Episcopado Latinoamericano*, Bogotá, Colombia, 2014, pp 63-75, aquí p 63; se nota claramente la intención pontificia, a nuestro parecer todavía desatendida por la historiografía, de **considerar Medellín un acontecimiento que marca una época para la Iglesia en América Latina**.

[90] Con este término el Santo Pablo VI define «*el primer viaje de un Papa a esas lejanas tierras*». Cf REDACCION, *Reflexiones de Paulo VI sobre su viaje a Bogotá*, en L'Osservatore Romano, Edición en lengua española del martes 10 de setiembre de 1968, p 1. Se trata de la audiencia general del 28 de agosto realizada en Roma, contemporáneamente al desarrollo de los trabajos de Medellín. Hablando de la inauguración de la Conferencia General el Papa afirmaba: «*Tuvimos el honor y la suerte de hablar a los Obispos que fueron a Bogotá, como decíamos, a inaugurar su Asamblea general, que se está desarrollando actualmente en Medellín. ¡Qué ejemplo, qué esperanza y qué sentido de la fraternidad episcopal inundaron Nuestro espíritu en ese momento! Nos pareció que vislumbrábamos* ***el porvenir del Continente; un porvenir fiel y apostólico, ferviente y generoso***».

[91] Cf PABLO VI, *Discurso de apertura*, III Sesión del Concilio, 14 de setiembre de 1964, en CONCILIO ECUMENICO VATICANO II, *Constituciones, Decretos, Declaraciones*, BAC, Madrid, 1968, p 1066. Cf El mismo PABLO VI en su discurso del 7 de diciembre de 1965 en víspera de la finalización del Concilio afirmaba que: «*la Iglesia se ha considerado la servidora de la humanidad (...).* ***En el Concilio*** *(...)* ***la idea de servicio ha ocupado un puesto central***». Cf CONCILIO ECUMENICO VATICANO II, *Constituciones, Decretos, Declaraciones*, BAC, Madrid, 1968, p 1112. Cf, textualmente: «*Ecclesia quodammodo se professa est humani generis ancillam...*» en AAS 68 (1966) p 57.

inmensa muchedumbre de los Pobres que nos rodea, y que no podremos más acostumbrarnos a verlos y a dejarlos en medio de las dificultades y de la amargura de su condición, sin que cada uno de nosotros, comensales de la Eucaristía, haya hecho todos los esfuerzos necesarios para que esos desdichados se conviertan en comensales de ***un bienestar proporcional a sus necesidades humanas y a su dignidad cristiana****»*.[92]

Es así que la Iglesia, pasando por Medellín, quiere «*a la luz del Concilio*», autocomprometerse a que:

«*Se presente cada vez más nítido en Latinoamérica el rostro de* ***una Iglesia auténticamente pobre,*** *misionera y pascual, desligada de todo poder temporal y audazmente comprometida en la liberación de todo el hombre y de todos los hombres*» (*Juventud*, 5, 15a), «*para el cumplimiento pleno de* ***la misión salvífica*** *encomendada por Cristo*» (*Pobreza de la Iglesia*, 14, 7).

Siempre **en perspectiva histórica** procede a una evocación *del «pasado misionero y pastoral»* con el que «*se ha difundido por todo el continente el nombre del único Salvador Jesucristo, ha sido construida la Iglesia, ha sido difundido un Espíritu cuyo calor e impulso hoy estamos sintiendo*».[93]

El Papa evidencia pero que «*el trabajo realizado denuncia sus límites, pone en evidencia las nuevas necesidades, exige algo nuevo y grande*».

Declarando que el porvenir parece poner «*en la Iglesia un ansia profunda*», reconoce que «*Estamos en un momento de reflexión total. (…) También los Pastores de la Iglesia, -¿no es verdad?- hacen suya el ansia de los pueblos en esta fase de la historia de la civilización; y también ellos, los guías, los maestros, los profetas de la fe y de la gracia advierten* ***la inestabilidad que a todos nos amenaza***».[94]

Dirigiéndose a los obispos con un elogio especial «*Hermanos, vosotros - personalmente más fuertes y más valientes que Nos mismo - (...)*», declara que «***Esta es para la Iglesia una hora de ánimo y de confianza en el Señor***».

Aclara, a continuación, el alcance teológico-pastoral de su pronunciamiento, afirmando negativamente que «*No esperéis de Nos tratados completos*» y positivamente que «*Nos*

---

[92] Cf REDACCION, *Reflexiones de Paulo VI sobre su viaje a Bogotá*, en L'Osservatore Romano, Edición en lengua española del martes 10 de setiembre de 1968, p 1.

[93] Cf CONSEJO EPISCOPAL LATINOAMERICANO, *Las Cinco Conferencias Generales del Episcopado Latinoamericano*, Bogotá, Colombia, 2014, pp 63-75, aquí p 64.

[94] Cf CONSEJO EPISCOPAL LATINOAMERICANO, *Las Cinco Conferencias Generales del Episcopado Latinoamericano*, Bogotá, Colombia, 2014, pp 63-75, aquí p 64.

limitamos a indicaros una triple dirección a vuestra actividad de Obispos, sucesores de los Apóstoles, custodios y maestros de la fe y Pastores del Pueblo de Dios». [95]

Como podemos observar, el Papa va subrayando explícitamente que su intervención se sitúa en el ámbito 'pastoral', con un carácter orientativo «*Nos limitamos a indicaros una triple dirección* ***a vuestra actividad*** *de* ***Obispos***», de su ministerio pastoral, destacando especialmente la misión de santificar y la de enseñar.

Dicha referencia a los obispos lo encontramos en los puntos más delicados del discurso, además que al comienzo y al final.[96]

Luego de la introducción el Papa prosigue con unas «*orientaciones espirituales*» y, sucesivamente con «*orientaciones pastorales*».

En primer lugar «*una orientación espiritual*» dirigida a los mismos obispos recordándoles, «*un deber inmanente y permanente de buscar para nosotros mismos la perfección y la santificación*», indicada en dicha perspectiva, en «***la práctica de una intensa vida interior***» y «*la pobreza, a la sencillez de vida, al grado de confianza que ponemos para nuestro uso en los bienes temporales*»;[97]

Con relación al «*rebaño*» (recurre la imagen bíblico-pastoral), reclama «*las virtudes teologales*» de las que destaca la fe, no sólo para vivirla, sino para defenderla dentro de un horizonte cultural no ciertamente irénico y favorable. «*La fe es la base, la raíz, la fuente, la primera razón de ser de la Iglesia*» y «*sabemos cómo la fe es insidiada por las corrientes más subversivas del pensamiento moderno*».[98]

Es más, el Santo Pablo VI, denuncia

«***La desconfianza***, *que, incluso en los ambientes católicos se ha difundido acerca de la validez de los principios fundamentales de la razón, o sea, de nuestra «philosophia perennis», nos ha desarmado frente a los asaltos, no raramente radicales y capciosos, de pensadores de moda; el «vacuum» producido en nuestras escuelas filosóficas por*

---

[95] Cf IBIDEM p 64.

[96] Cf IBIDEM, p 63, al comienzo y al final de la Introducción: cf «*la elección común al gobierno pastoral*»; «*sucesores de los apóstoles, custodios y maestros de la fe y Pastores del Pueblo de Dios*», p 65; al comienzo, al centro y al final de las 'Orientaciones Espirituales': «*nosotros Obispos…*», p 65; «*Hermanos, constituidos maestros y pastores del Pueblo de Dios*», p 67; «*vosotros Obispos, singularmente o como grupos canónicamente constituidos*» p 68; al comienzo, al centro y al final de las 'Orientaciones Pastorales': «*vosotros, a quienes, Spiritus Sanctus posuit episcopos regere ecclesiam Dei*», p 69; «*nosotros no somos técnicos, somos, sin embargo, Pastores*», p 72; «*Hermanos (...) emplear toda posible solicitud pastoral*», p 74.

[97] Cf IBIDEM p 65.

[98] Cf IBIDEM, p 66.

el abandono de la confianza en los grandes maestros del pensamiento cristiano, es invadido frecuentemente por una superficial y casi servil aceptación de filosofías de moda, muchas veces tan simplistas como confusas: y éstas han sacudido nuestro arte normal, humano y sabio de pensar la verdad; estamos tentados de historicismo, de relativismo, de subjetivismo, de neo-positivismo, que en el campo de la fe crean un espíritu de crítica subversiva y una falsa persuasión de que para atraer y evangelizar a los hombres de nuestro tiempo, tenemos que renunciar al patrimonio doctrinal, acumulado durante siglos por el magisterio de la Iglesia, y de que podemos modelar, no en virtud de una mejor claridad de expresión sino de un cambio del contenido dogmático, un cristianismo nuevo, a medida del hombre y no a medida de la auténtica palabra de Dios. ***Desafortunadamente también entre nosotros, algunos teólogos no siempre van por el recto camino***».[99]

En este **contexto critico**, el Papa entra en el merito del problema, más que de la teología, de los teólogos o, por lo menos, de algunos exponentes del mundo teológico, que, del contexto mismo, se comprende como latinoamericano.

La condición del 'hacer teología', considerados los teólogos como «*providenciales estudiosos y valientes expositores de la fe*», viene vislumbrada e identificada en el mantenerse «*discípulos inteligentes del magisterio eclesiástico, constituido por Cristo en custodio e intérprete, por obra del Espíritu Santo, de su mensaje de verdad eterna*».[100]

Si esta es la condición del 'hacer teología', resulta problemático un procedimiento que se separe y se oponga a dicha exigencia, de aquí una parte bastante 'cuestionadora' pero muy 'lucida' del discurso papal:

«*hoy algunos recurren a expresiones doctrinales ambiguas, se arrogan la libertad de enunciar opiniones propias, atribuyéndoles aquella autoridad que ellos mismos, más o menos abiertamente, discuten a quien por derecho divino posee carisma tan formidable y tan vigilantemente custodiado, incluso consienten que* ***cada uno en la Iglesia piense y crea lo que quiere****, recayendo de este modo en el libre examen que ha roto la unidad de la Iglesia misma y confundiendo la legítima libertad de conciencia moral con una mal entendida libertad de pensamiento que frecuentemente se equivoca por insuficiente conocimiento de las genuinas verdades religiosas*».

A conclusión de dicho llamado-reclamo, el Papa se dirige nuevamente a los obispos como a «*Hermanos, constituidos maestros y pastores del Pueblo de Dios*», y explicitando la referencia al doble beneficio («*es decir para nosotros y para el rebaño*

---

[99] Cf IBIDEM, p 66.

[100] Cf IBIDEM, p 66.

que se nos ha confiado»), subraya, con referencia a los Hechos de los apóstoles, dos principios de vitalidad espiritual: la oración (y el ministerio de la palabra, ministerio confiado a

«*vosotros Obispos, singularmente y como grupos canónicamente constituidos*». «*Por lo que se refiere a la oración*» no podía faltar una referencia «*a la aplicación de la reforma litúrgica (...) con sus finalidades primordiales*» entre la cuales destaca la de «*dar autenticidad al verdadero culto católico, fundado sobre el dogma*».[101]

En las «*orientaciones pastorales*», pasa a hablar de la caridad, con una genérica referencia a la GS y con una especificación en «*dos puntos doctrinales*»:

«***el primero** es la dependencia de la caridad para con el prójimo de la caridad para con Dios*», [102]

denunciando que

«*se quiere secularizar el cristianismo, pasando por alto su esencial referencia a la verdad religiosa, a la comunión sobrenatural (...) para (...) evitar toda preocupación teológica y para ofrecer al cristianismo una nueva eficacia, toda ella pragmática, la sola que pudiese dar la medida de su verdad y que lo hiciese aceptable y operante en la moderna civilización profana y tecnológica*».

El segundo punto doctrinal se refiere a la Iglesia llamada 'institucional', confrontada con otra presunta Iglesia llamada 'carismática'. En dicho contexto aparece la única nota de la larga homilía referida al magisterio eclesiástico, precisamente a la '*Mystici Corporis*',[103] reclamando pero «*un esfuerzo de inteligencia amorosa para comprender cuanto de bueno y de admisible se encuentre en estas formas inquietas y frecuentemente erradas de interpretación del mensaje cristiano*».

---

[101] Cf IBIDEM, P 67.

[102] El día anterior el mismo Pontífice había afirmado: PABLO VI, *Homilía* en el día del desarrollo Bogotá 23 de agosto de 1968: « *Quien se nutre de la Eucaristía, debe por esto mismo comprender su vocación a la caridad para con el prójimo,* ***debe dilatar el espacio de la caridad*** (cf San AGUSTÍN, *Sermo*, 10. *De Verbis Domini* (Sermón 69: *Sobre las palabras del Evangelio de San Mateo* (11, 28: «*vengan a mí todos...*»). Se lee: «***se ensanchen los espacios de la caridad*** ('*dilatentur spatia charitatis*')» *desde sí mismo a los otros (...) con el vínculo social de la caridad, mediante el cual debe unir la propia vida a la vida de los demás hombres, transformados virtualmente en hermanos suyos (...) No, la caridad no basta, si se queda en pura teoría verbal y sentimental (Mt 7, 21) y si no va acompañada de otras virtudes, la primera* ***la justicia que es la medida mínima de la caridad***». Cf PABLO VI, *Homilía* en la santa misa para la «*jornada del desarrollo*» del viernes 23 de agosto de 1968, en Bogotá.

[103] Cf CONSEJO EPISCOPAL LATINOAMERICANO, *Las Cinco Conferencias Generales del Episcopado Latinoamericano*, Bogotá, Colombia, 2014, pp 63-75, cf nota 9 p 69.

En la línea del de la exigencia del «*del común interés apostólico*», el Papa presenta **algunos grupos objeto de especial atención** por parte de la caridad pastoral, como los sacerdotes, los jóvenes, los estudiantes y *los trabajadores, del campo, de la industria y similares.*

Pasa luego a poner en consideración de los obispos: la realidad social, limitándose intencionalmente a algunas afirmaciones que se insertan en la línea de aquellas hechas en esos días y explícitamente puestas en la línea de la 'doctrina social «*que la Iglesia ha elaborado en estos últimos años de su obra secular, animadora de la civilización*».

En dicha perspectiva, evoca las «*Encíclicas sociales del Pontificado Romano y las enseñanzas del Episcopado mundial*» y, en particular, la *Populorum progressio*', exigiendo su «*su aplicación práctica*», concluyendo que

«*Las testificaciones, por parte de la Iglesia, de las verdades en el terreno social no faltan: procuremos que a las palabras sigan los hechos*».[104]

El Papa vuelve a reafirmar que «*Nosotros no somos técnicos; somos, sin embargo, Pastores*».

Consiguientemente a esto, el «*primer deber*» es indicado en el «*afirmar los principios, observar y señalar las necesidades, declarar los valores primordiales, apoyar los programas sociales y técnicos verdaderamente útiles y marcados con el sello de la justicia*» y sucesivamente el deber de un más ejemplar testimonio de pobreza:

«*La indigencia de la Iglesia, con la decorosa sencillez de sus formas es un testimonio de fidelidad evangélica; es la condición, alguna vez imprescindible, para dar crédito a su propia misión*», aclarando decididamente que en orden a la renovación y a la promoción de los pobres y de los que viven en condiciones de inferioridad humana y social:

«*Entre los diversos caminos hacia una justa regeneración social, nosotros no podemos escoger ni el del marxismo ateo, ni el de la rebelión sistemática, ni tanto menos el del esparcimiento de sangre y el de la anarquía*».[105]

El Papa toma distancia clara de «*de aquellos que, por el contrario, hacen, de la violencia un ideal noble, un heroísmo glorioso, una teología complaciente*».

---

[104] Cf CONSEJO EPISCOPAL LATINOAMERICANO, *Las Cinco Conferencias Generales del Episcopado Latinoamericano*, Bogotá, Colombia, 2014, pp 63-75, p 72

[105] Cf IBIDEM, p 73.

Tocando el tema de la paz, hace referencia a *«la paz entre los pueblos mediante un humanismo iluminado por el Evangelio»*.[106]

Con la referencia a la encíclica '*Humanae Vitae*' en perspectiva apologética de dicho documento« *en defensa de la honestidad del amor y de la dignidad de la familia»*, reafirma *«nuestro servicio a las almas en estas grandes dificultades pastorales y humanas lo realicemos con corazón de Buen Pastor»*.

Con esta reafirmación, el Papa concluye su larga Homilía declarando su confianza en el Episcopado de América Latina, que *«en su segunda Asamblea General, desde el puesto que le compete, ante cualquier problema espiritual, pastoral y social, prestará su servicio de verdad y de amor en orden a la construcción de una nueva civilización, moderna y cristiana»*.[107]

No falta quien nota en este pronunciamiento inauguración una actitud del Papa distinta de la manifestada en la conclusión del Concilio el 7 de diciembre de 1965. No hay citas que remitan a sus conocidas alocuciones al CELAM en su X° aniversario ni a la importante Asamblea de mar del Plata,[108] queda, en todo caso, reafirmado el compromiso de la jerarquía: «*Haremos, sí, un esfuerzo de inteligencia amorosa* » para 'discernir'.[109]

2.4) La finalidad soteriológica de la Evangelización.

Se trata siempre de cumplir el «***solemne mandato de Cristo** de anunciar **la verdad salvadora*** ('*ad **veritatem salutarem omnibus** hominibus annuntiandam*')» (GS 28), seguros, como exhorta el Apóstol Santiago de: «***la Palabra** sembrada en vosotros, que*

---

106 Cf IBIDEM, p 74.

107 Cf IBIDEM, p 75.

108 Por lo referente al cambio de 'contexto eclesial' luego de segunda mitad de 1967, cf GROOTAERS Jan, *Dal Concilio Vaticano II a Giovanni Paolo II*, Marietti, Casale Monferrato, 1982, pp 83ss. Remitimos a los Antecedentes Magisteriales Pontificios de Medellín:

1) PABLO VI, *Exhortación Pastoral al Episcopado de las veinte Naciones de América Latina*, el 23 de noviembre de 1965, al cumplirse el X aniversario del CELAM en Roma (Cf L'Osservatore Romano', Edición en lengua española del martes 7 de diciembre de 1956, pp 1-3). Parece un verdadero 'Plan pastoral' para América latina.

2) La Carta a la Asamblea de Mar del Plata. PABLO VI, *Mensaje* a la Asamblea Extraordinaria del CELAM. *«Presencia activa de la Iglesia en el desarrollo y en la integración de América Latina a la luz del Concilio Ecuménico Vaticano II y de la Alocución de S.S. PAULO VI al CELAM»* - Mar del Plata, 9-16 de octubre de 1966, cf L'Osservatore Romano' del martes 25 de octubre de 1966, p 1s).

PABLO VI, *Homilía* inaugural de la Conferencia, *Benedicamus Domino* del 24 de agosto de 1968 en Bogotá.

109 Cf MEJÍA Jorge, *El pequeño Concilio de Medellín*, en 'Criterio', (Buenos Aires), (1968) n 1555, del 12 de setiembre de 1968, p 652.

es ***capaz de salvar vuestras almas*** (τὸν ἔμφυτον λόγον, τὸν δυνάμενον σῶσαι τὰς ψυχὰς ὑμῶν)» (Sant 1, 21).

Como proclaman los obispos cuando reafirman el propósito colegial de la jerarquía en orden al servicio de la Palabra y a su finalidad orientadora, estimuladora y de 'juez':

«*queremos que nuestra Iglesia Latinoamericana sea (...) transparente y fuerte en su misión de servicio, que esté presente en la vida y en las tareas temporales, reflejando la luz de Cristo*» (Pobreza de la Iglesia, 14, 18).

En síntesis, se trata de un servicio que quiere alcanzar y realizar aquel deseo expresado por Cristo, que significa «*llamado repetido a una vivencia más plena del Evangelio*» (Pastoral Popular, 6, 15). Dentro de este "contexto" se podría entender también el reconocimiento de la importancia de las estructuras para el cambio, junto a **la afirmación de la prioridad de la conversión del hombre**. De hecho, si **la finalidad de la evangelización** para el Episcopado Latinoamericano es la fe, más precisamente «*la formación de una fe personal, adulta*» (cf Pastoral de Elites, 7, 13), es porque la Iglesia sabe que la fe encamina, ilumina, sostiene la conversión, es decir, el cambio interior, y por tanto el cambio de mentalidad, y en consecuencia también, el cambio de estructuras (cf Justicia, 1, 3; Pastoral de Elites, 7, 13).

A este punto de nuestra aporte, creemos pertinente observar que **la noción de evangelización en Medellín aparece tomada por el uso corriente del lenguaje eclesiástico** sin una motivación explícita sino la indirecta, según la cual se trata de la acepción más frecuente, y sin una verificación crítica, como el conjunto de todas las actividades con las cuales los hombres son **conducidos por la Iglesia a la participación en el misterio de Cristo, proclamado en el Evangelio**. En este sentido, evangelización tradicionalmente, identifica la misión de la Iglesia. A pesar de tal amplitud, de hecho asignada a la noción de evangelización, quedan, de todos modos, declaradas, aunque sobriamente, **dos importantes correlaciones**, afirmadas por los obispos:

- la correlación «evangelización - fe», como hemos podido documentar, y
- la correlación entre «**evangelización-signos de los tiempos** - ámbito social» (promoción humana) Dicha correlación presenta un acento especial **en el documento Pastoral de Elites, 7, 13**, en el que el magisterio episcopal insiste sobre **una correlación explícita entre "evangelización" y "signos de los tiempos".**

«*La evangelización debe orientarse hacia la formación de una fe personal, adulta, interiormente formada, operante y constantemente confrontada con los desafíos de la vida actual en esta fase de transición.* ***Esta evangelización debe estar en relación con los 'signos de los tiempos'***».

Reconociendo que «*los signos de los tiempos», que en nuestro continente se expresan sobre todo en el orden social*». [110]

No se puede negar que en Medellín el discernimiento está orientado hacia la historia, sobre el tiempo actual recordando que, para la teología y la Iglesia, la historia se encuentra totalmente recapitulada en el acontecimiento central de Cristo 'activamente presente' (cf Introducción 5), acontecimiento del que nace el Evangelio, la Iglesia y su misión salvífica.

En efecto, «*El Continente latinoamericano mira a la Iglesia y espera. La respuesta de la Iglesia es una sola: **Cristo**. Por lo mismo, se dispone a reflejarlo en la totalidad de sus miembros e instituciones*».[111]

Objeto de una "ponencia" específica,[112] la evangelización surge en las "*Conclusiones*" en relación a diversas situaciones.

Se habla efectivamente de «*deber evangelizador de la Iglesia*» (Pastoral Popular, 6, 5) o más precisamente sobre «*misión evangelizadora de la Iglesia*» que se realiza en el descubrir y hacer fructificar los gérmenes del 'Verbo' (Pastoral Popular, 6, 5).

En la ejecución de este deber, la Iglesia es consciente de la responsabilidad, así como también de la permanente necesidad de «*encontrar en el Evangelio la imagen más nítida de Cristo el Señor*» (Sacerdotes, 11, 28).

---

[110] Por lo referente al tema de la «*Evangelización*» recordamos que será aquel 'preferencialmente' tratado por la III Conferencia General del Episcopado Latinoamericano celebrada en Puebla en el año 1979, que se proponía justamente el tema de «*la Evangelización en el presente y en el futuro de América Latina*». Se trata notoriamente de un contexto diferente sea a nivel de Iglesia universal como a nivel de Iglesia en América Latina, caracterizado por la orientaciones de la *Evangelii Nuntiandi* del 1975. El aspecto emergente del reconocimiento lexicográfico-terminológico al respecto resulta ser el siguiente:

Evangelio: 1, 3; 4, 6; 5, 5.12; 6, 12; 6, 15(2 veces); 8,7.15; 10, 14; 11, 28; 15, 18;

Evangélico: 2, 15 (2 veces); 22; 3, 6; 5,4.6; 6, 12; 8, 3; 11, 27 (2 veces); 12, 9; 12, 18; 13, 4; 14, 6.8.16; 15, 17;

Evangelización: 6, 1 (2 veces).2.8; 7, 13 (5 veces); 8, 3.9 (3 veces).10.14.17; 9,5; 10, 11.19; 12,13.15.16; 13, 33; 14,9; 15,10; 16,6;

Evangelizadora: 3, 6; 3, 19; 5, 17; 6, 5; 8, 9.12; 14, 8; 16, 7.

Cf también la revitalización eclesial del compromiso teórico-práctico misionero con la Encíclica '*Redemptoris Missio*' del Santo Papa Juan Pablo II. Sobre esto cf, por ejemplo, AA.VV., *Cristo, Chiesa, Missione. Commento alla 'Redemptoris Missio'*, Pontificia Universitas Urbaniana, Roma, 1992.

[111] Cf Eduardo PIRONIO, *Interpretación cristiana de los signos de los tiempos hoy en América latina*, en SEGUNDA CONFERENCIA GENERAL DEL EPISCOPADO LATINOAMERICANO, *La Iglesia en la actual transformación de América Latina a la luz del Concilio*, CELAM, Bogotá, 1968, tomo I, Ponencias, pp 101-122, aquí p 122.

[112] Cf RUIZ Mons. Samuel, *La Evangelización en América Latina*, en SEGUNDA CONFERENCIA GENERAL DEL EPISCOPADO LATINOAMERICANO, *La Iglesia en la actual transformación de América Latina a la luz del Concilio*, CELAM, Bogotá, 1968, tomo I, Ponencias, pp 145 - 172.

En efecto, el Episcopado Latinoamericano vuelve frecuentemente sobre este argumento que globalmente considera como «***La misión fundamental de la Iglesia***» (Catequesis, 8, 1) indicada en el educar eficazmente la fe. No se trata, por lo tanto sólo del documento específicamente dedicado a aquel servicio de la Palabra constituido por la "Catequesis" (8), sino de alcanzar tal autoconciencia de servicio a la «*Palabra de Dios escrita o transmitida*» (DV 1O), operante en todos los documentos de Medellín, y considerado por el Episcopado Latinoamericano tan esencial que desatender tal "diakonía" constituiría o sería «*traicionar al mismo tiempo a Dios que le ha confiado su mensaje y al hombre que* ***necesita de él para salvarse***» (Catequesis, 8, 1).

En esta perspectiva, **Evangelización y catequesis** se encuentran en un único binomio en 8, 3 en relación a los destinatarios de la Palabra, precisados como «*masa innumerable de gentes*» (8, 3). Aparece también «evangelizadora» como adjetivo de catequesis en diversos pasajes:

«*la catequesis (...) utiliza los MCS en la tarea evangelizadora*» (8, 12) profesando también la convicción de que «*nuestra 'catequesis' tiene que ser eminentemente evangelizadora,* ***sin presuponer una realidad de fe,*** *sino después de oportunas comprobaciones*» (8, 9)

De tal manera que no se dé por supuesta «*fácilmente la existencia de la fe detrás de cualquier expresión religiosa aparentemente cristiana*» (Pastoral Popular, 6, 6).

Dichas exigencias se justifican explícitamente por el hecho de que el Episcopado Latinoamericano es consciente que en América Latina se trata de una "**evangelización de los bautizados**", que tiene como objetivo concreto:

«*llevarlos a un compromiso personal con Cristo y a una entrega consciente en la obediencia de la fe*» (8, 9).

Desde el interior de esta profesión de la Palabra, del Mensaje, del Evangelio que es recibido en la Iglesia y por la Iglesia, se insiste en la conciencia de la fundamental situación que se da entre la Palabra y la persona, entre los dos polos, que determinan el «*adaptar el lenguaje eclesial al hombre de hoy, salvando la integridad del Mensaje*» (8, 7-k).[113]

Una Evangelización que implica, aún no precisando el nivel, una «*promoción humana*» (cf Movimientos de Laicos, 10, 14), inclusiva de aquellas actividades humanas «*que representan una importancia vital para el futuro*» (Liturgia, 9, 5).

---

[113] Se trata de una preocupación de San Pablo VI, manifestada entre otras iniciativas, en la convocatoria a la Asamblea Ordinaria del Sínodo de los Obispos para tratar «*La preservación y el fortalecimiento de la fe católica, su integridad, vigor, desarrollo, coherencia doctrinal e histórica*» (1967).

En conclusión, estas reflexiones, centradas en '*la justicia entre los pueblos*' ya que «*la paz entre los hombres, de hecho, es 'obra de la justicia'* (*Gaudium et spes, 83; 78*)», las consideramos particularmente actuales.

El mismo Papa Francisco, reconocía al respecto, que el aporte de San Pablo VI, «*Está inspirado en ese 'Evangelio en marcha'* (*si ispira a quel* «***Vangelo in cammino***») *que pide que la caridad, la fe y la esperanza cristianas salgan al encuentro del hombre por los caminos actuales*».[114]

[114] Cf Síntesis del Boletín - Oficina de prensa de la Santa Sede, FRANCISCO, *Mensaje* a los participantes en el congreso '*Pablo VI, el Papa de la modernidad*: justicia entre los pueblos y amor a Italia', del 9 de noviembre de 2017.

Printed by Books on Demand GmbH, Norderstedt / Germany